Conexão Filosofia e Direito do Trabalho

Ricardo Pereira de Freitas Guimarães

Doutor em Direito do Trabalho pela PUC-SP. Professor dos Programas de Mestrado e Doutorado da FADISP. Titular da cadeira 81 da Academia Brasileira de Direito do Trabalho. Membro da Academia Paulista de Letras Jurídicas. Autor de inúmeros livros e artigos. Advogado.

Marco Aurélio Fernandes Galduróz Filho

Doutorando em Direito do Trabalho pela Universidade de Buenos Aires (UBA). Mestre em Cultura e Segurança Jurídica, pela Universidade de Girona-ESP (UdG) e Gênova-ITA (UniGe). Professor de Filosofia do Direito, Direito do Trabalho e Processo do Trabalho. Advogado.

Conexão Filosofia e Direito do Trabalho

LACIER

LACIER
Lacier Livraria e Editora
www.livrarialacier.com.br

Rua Doutor Quirino, 808 – Centro
CEP 13015-081 – Campinas, SP – Brasil

Agosto, 2024

Diretor: *Lacier José de Rezende*
Coordenação editorial: *Peter Fritz Strotbek*
Projeto de capa: *Fabio Giglio*
Projeto gráfico e editoração eletrônica: *The Best Page*

Ficha Catalográfica

Dados Internacionais de Catalogação na Publicação (CIP)
(Câmara Brasileira do Livro, SP, Brasil)

G963c Guimarães, Ricardo Pereira de Freitas.
Conexão filosofia e direito do trabalho / Ricardo Pereira de Freitas Guimarães, Marco Aurélio Fernandes Galduróz Filho. — Campinas, SP : Lacier Editora, 2024.
136 p. ; 16 x 23 cm.

ISBN 978-85-64412-27-9

1. Direito do trabalho. 2. Direito do trabalho — Filosofia. I. Galduróz Filho, Marco Aurélio Fernandes. II. Título.

CDU 34:331

Índices para catálogo sistemático:
1. Direito do trabalho — Filosofia
Angela Schmidt da Rosa – Bibliotecária – CRB-14/1171

Sumário

Prefácio

Se você está trabalhando por um mundo melhor, uma das coisas mais recompensadoras e úteis é virar a sua forma de pensar de cabeça para baixo. Mudar o modo de pensar é a essência da transformação, a base da renovação da fé.
Peter Block.

A citação acima decorre exatamente de um *prefácio;* na verdade, da sua primeira frase, que textual e expressamente nos exorta a refletir no sentido de que "de tempos em tempos, a mudança em nossa forma de pensar acontece durante a leitura de um livro". Prefácio escrito por Peter Block numa obra de Adam Kahane. Depois de lê-lo, não tive dúvidas, ao ser convidado a prefaciar esta incrível obra de dois grandes amigos e ilustres pensadores da Filosofia e do Direito, os professores Ricardo e Marco, que obrigatoriamente deveria também iniciar com ela.

Por quê?

Porque esse livro tem o dom e o poder de nos provocar da melhor e mais eficiente maneira possível, qual seja, nos fazendo pensar.

E, como bem nos ensina a filósofa e professora Lúcia Helena Galvão, "pensar é um direito humano *lato sensu,* irrestrito, e não apenas um direito, mas um dever"(1).

Pensar nos dá coragem força e autonomia. Algo muito bem ilustrado também por ela, quando destaca a interessante resposta que Beethoven teria dado a um determinado barão, após receber um bilhete com o seguinte teor: "'Toque tal peça! Assinado: barão tal, proprietário de tantos e tantos

(1) GALVÃO, Lúcia Helena. *SIMBOLISMOS em Divina Comédia de Dante Alighieri*. Rio de Janeiro: Hanoi. 2023.

títulos e terras'. E Beethoven teria escrito uma resposta reduzida a um bilhetinho que dizia o seguinte: 'Não tocarei! Assinado, Ludwing van Beethoven, proprietário de um cérebro'".

O presente trabalho nos faz usar nosso cérebro e olhar mais além. É inovador.

Perpassa por vários caminhos jurídicos e filosóficos, de alta complexidade, com leveza, numa espécie de bússola ao nosso aprendizado.

Os capítulos, aparentemente com títulos-rumos diferentes, na realidade se completam e falam entre si.

O livro é um passeio metodológico, tal como o LAMSTAIH (*Look at More Stuff; Think Sboout It Harder*), algo como: "olhe mais além e pense mais profundo"[(2)].

Chegamos à estação literária do tempo: das "Reflexões: Tempo, memória e prova". Aliás, adorei a provocação (dentre muitas) ali contida: "O tempo é o átimo do instante que insiste em perseguir o próximo átimo e envelhecer as coisas".

Primeira estação: *Obter Dictum* em sentido amplo, Mecanismo Argumentativo e a Distinção na Teoria de Precedentes.

Obter Dictum efetivamente tem sentido amplo. Passeia de modo eficaz pelas trilhas do universo argumentativo da Teoria Comunicativa de Habermas, com uma clareza invejável. Sem dúvida representa uma chave à abertura da porta que conecta filosofia, sociologia e o mundo jurídico, por meio da fluidez da teoria da argumentação jurídica.

Em frente chegamos à próxima estação da nossa viagem literária: Prova e sua Valoração como elemento de proteção de pessoas em condições de vulnerabilidade.

Uau! Uma revisitação pelo viés filosófico do ônus da prova, num mundo pós-positivista, ilustrada pela *autopoieses* de Foucault.

Mas, não para por aí nossa viagem rumo do conhecimento.

---

(2) MIRSHAWKA, Victor. *A Roda da Melhoria*. São Paulo: DVS Editora, 2014.

O tempo não para, já nos instigava Cazuza. Não para, voa e nos põe frente a frente ao inusitado, que, contudo, não é óbice aos autores, que não deixam de enfrentar e desbravar o novo: Inteligência Artificial, o trabalho e a História, lado a lado com a próxima e complexa estação: Metaverso — um caminho não binário.

Ufa! Quanta coisa! Quanta novidade"

Neste portal da inteligência encontramos elementos distópicos de Asimov, com traços de psico-história, passando por Harari e suas dúvidas sobre o que irá acontecer quando e quanto (tamanho do estrago ou abertura de oportunidades) os algoritmos nos suplantarem nas ações de lembrar, analisar e reconhecer padrões.

Sem dúvida, os autores são disruptivos. Tal e qual Andy Stefanovich destaca em seu livro *Olhe mais além* (DVS Editora), por conta de sua criatividade e inovação.

A viagem não termina aqui. Temos ainda a estão Arquétipo e Contribuição Sindical no Brasil, que nos encanta com toda a sua formatação jurídica sobre a natureza jurídica tributária da contribuição, sua razão de ser como financiamento sindical, juntamente com o seu imbricar holístico junto ao universo psicológico em que está inserida, trazendo consigo lições de Jung e Freud, e, outra vez, nos provocando, agora, pelo viés da análise do inconsciente coletivo.

Fecha-se o ciclo.

Uma vez mais com o tempo. Aquele que Mia Couto nos adverte: "— Só tenho medo é do tempo...; — Que tem o tempo? — É que o tempo namora com ele próprio. Só finge que gosta de nós..."(3).

Estação: Ser e o Tempo. Breves Reflexões acerca da jornada de trabalho e responsabilidade civil.

Nela, entrelaça-se aqui junto com a possibilidade prática e real da redução da jornada de trabalho, aspectos profundos sobre o viver. O viver no

(3) COUTO, Mia. *Contos do nascer da Terra*. 1. ed. São Paulo: Companhia das Letras.

tempo. No tempo do ser. Não à toa valem-se dos ensinamentos de Heidegger para rechear filosoficamente o trabalho.

Uma ótima leitura. Uma incrível viagem ao conhecimento.

Antonio Carlos Aguiar
Advogado. Mestre e Doutor em Direito do Trabalho pela PUC São Paulo. Vice-Presidente do Sindicato das Sociedades dos Advogados dos Estados de São Paulo e Rio de Janeiro (SINSA). Membro titular da cadeira 28 da Academia Paulista de Direito do Trabalho. Membro titular da cadeira 48 da Academia Brasileira de Direito do Trabalho. Conselheiro do Conselho Superior de Relações Trabalhistas da FIESP. Sócio do Peixoto & Cury Advogados.

O Tempo, Memória e a Prova

O tempo é o átimo do instante que insiste em perseguir o próximo átimo e envelhecer as coisas. O espaço, de outro lado, é representado pela fotografia da imagem com os fatos que a circundam. Referida foto pode ser isolada de relação interpessoal ou se representada pela relação interpessoal se torna um fato vivo, ou seja, um fato filme.

A vida do fato filme só se transmite pela diástole dos sentidos observados, que acaba por impulsionar o quadro em movimento.

Daí se observa com maior clareza a ação e reação humana, que se presta ou se mostra como a real identificação de um acontecimento. Ainda que receba o nome de "real acontecimento" o limite do real acaba sendo lapidado pela interpretação de quem vê o quadro ou o filme, dando a ele sua visão.

Referida visão é na verdade o modo de recepção da fotografia (fato estático) ou do filme (fato em ação) e será sempre autêntica no que se revela a mistura de quem vê e como vê o fato observado.

O fato em movimento é o acontecer histórico que sempre será puro em si, contudo, quando um observador invade referido tempo e espaço remove a autenticidade do fato, sempre, tornando-o impuro.

Nessa condensação é possível observar a evidente e transparente desconexão entre o que se chama de verdade com os fatos.

Isso se dá, pois, nenhuma visão está livre de qualquer miopia do fato observado. Mas, há ainda outra questão.

Ao identificar-se um fato, a transição entre sua identificação e seu transporte para seu relato, ou seja, a transposição do sentido ver para o sentido escrever ou falar, certamente não representará a idêntica noção do próprio observador.

Nesse sentido, a rememoração não atingirá a perfeição na reconstrução ou construção em si, diante de todo um período esquecido na pré-história daquele que conta o fato.

Somos norteados por compulsões e pulsões, que diretamente interferem nos eventos da memória, assim como a construção do relato.

O trabalho de acompanhamento do relato, quando estamos diante desses preceitos é, basicamente, arqueológico, visto que os átimos temporais geram falsas sensações, decorrentes de fatores traumáticos, por exemplo.

Fragmentos soltos são componentes indissociáveis da característica da transcrição do fato, visto que a verdade histórica é aquela considerada verdadeira pelo indivíduo em um período do seu filme, suscitando-se aqui um problema com o conceito de verdade, diante da interpretação subjetiva que constitui um sistema de crenças que se fixa nos átimos metapsicológicos.

Aqui cabe uma pausa de fundamental relevância, mesmo a verdade histórica comporta o núcleo de verdade em si, construção pessoal, mas arbitrária. Suscita-se que até durante o delírio há a concepção de fundo de um momento de construção pessoal verdadeira.

Reitera-se, estamos sempre diante da possibilidade de o sujeito deter traumas, onde a realidade desagradável pode ser substituída por outra de acordo com seus desejos e pulsões. É um processo de recomposição necessária para manutenção da existência do ser. Tal situação está diretamente vinculada com a racionalidade, encontrada em animais não humanos, também, possibilitando-se a construção própria da memória histórica, salientando-se a impossibilidade da recuperação objetiva de uma história-verdade.

A circunstância em apreço é potencializada na relação entre duas pessoas em que uma delas possui certo poder e a outra tem de se sujeitar ou, minimamente, considerar esse poder, gerando a deformação.

O posicionamento adotado acaba por revelar que: 1) o fato depende de quem o enxerga; 2) quem o enxerga jamais o revelará nos exatos moldes do que enxerga. É a sobreposição metapsicológica.

A indagação que se segue é: então não haveria fatos reais?

Todos os fatos são reais, contudo, transformam-se no átimo imediato com a visão de um terceiro que jamais conseguirá ser suficientemente fiel ao que enxergou.

Esse contexto acaba por revelar a dificuldade extrema de se saber a realidade em toda e qualquer circunstância observada e, posteriormente, contada. Aqui, reside o ponto relevante quanto ao direito, qual seja, compreender que ele é absolutamente ficcional. Como somos seres de camadas e a projetamos, nos escondemos nelas.

Nesse preceito, a recuperação da história é sempre apenas parcialmente possível, pelo próprio fato de a absorção primária ter, desde a origem, proibido sua inscrição memorial. O processo se perfaz em projeções contínuas, da interconexão existencial.

O contato jamais será o que foi visto de forma absolutamente real, seja pela falha da comunicação entre ver e falar ou, ainda, pela própria visão independente de que cada um que presenciou o fato poderá ter.

Isso nos mostra que a regra é o erro e a exceção o acerto.

A obra detém como objeto essa conexão entre fatos e sensações, reflexões passíveis de um compêndio de artigos selecionados, com o objetivo de tratar assuntos atuais, problemáticas das relações humanas, com suas repercussões nas searas filosóficas, psicossomáticas e jurídicas.

Pensar sempre é bom!

Obiter Dictum em Sentido Amplo, Mecanismo Argumentativo e a Distinção na Teoria de Precedentes

1. Introdução

Há uma persistente instabilidade no Direito Laboral, especialmente em decorrência de um aparente conflito entre decisões da máxima instância laboral com o tribunal constitucional.

Assim, parece-nos pertinente a crítica ao pós-positivismo, adequando a concepção exteriorizada por Bonß na obra "A prática dos fatos" [*Die Einübung des Tatsachenblicks*], de 1982, em que aponta como crítica ao conceito de verdade: "*Um conceito não pode ser aceito como medida de verdade, se o ideal de verdade a que ele serve pressupõe em si mesmo processos sociais cuja vigência o pensamento não pode aceitar enquanto dados últimos*".(1)

Em tempos de conflitos, especialmente no campo principiológico, diante do pós-positivismo, cremos que é de fundamental relevância a análise de todas perspectivas passíveis do diálogo, especialmente quanto a uma possibilidade de adequação teórica fomentada por bases convencionadas, nos exatos termos de Habermas e sua TAC (Teoria do agir comunicativo).

Mostra-se relevante a introdução da temática, de forma hermenêutica e interdisciplinar, com a finalidade de se evoluir nos preceitos de adequação de teses, assim como uma estrutura jurídica vinculada a uma ordem hierárquica, mas com a preservação da efetiva interpretação jurisprudencial, trazendo à colação o preceito básico da independência da magistratura, atrelado a possibilidade argumentativa da advocacia, dentro da concepção da argumentação jurídica no sistema da *stare decisis*, positivado pelo Código de Processo Civil de 2015.

---

(1) BONß, W. *A Prática dos Fatos* [*Die Einübung des Tatsachenblicks*]. Universitätsverlag. Frankfurt, 1982, p. 83. Tradução livre.

Assim, no campo comunicativo-argumentativo, é de fundamental relevância a avaliação da *Obiter dictum*, sob uma perspectiva de análise em sede de decisões passíveis de reapreciação pela corte máxima laboral no Brasil (Tribunal Superior do Trabalho).

A grande questão se dá, considerando uma perspectiva histórica germânico-romana e com a incorporação da teoria de precedentes no Brasil, quanto à possibilidade de análise do *obiter dictum* em sede do Tribunal Superior, este que não aprecia fatos.

Outrossim, a *obiter dictum* pode ser mecanismo de correção e análise valorativa da justificativa da sentença, seja a interna ou a externa?

Partiremos, para gerar indícios da resposta, de uma análise da evolução das decisões acerca da terceirização das atividades e sua estrutura de discussão no campo da relação de emprego, sob a perspectiva de subordinação estrutural, no conceito de Delgado, com interconexão direta na ideia das nulidades e reapreciação argumentativa, invocando a filosofia de Juergen Habermas e sua teoria comunicativo/argumentativa.

O trabalho em testilha se dará por meio de uma análise multidisciplinar, avaliando o agir estratégico e o agir comunicativo através da teoria da argumentação jurídica, possibilitando o desenvolvimento da maior racionalidade presente nas decisões, por meio de uma integração sistêmica, com a submissão do mundo da vida aos imperativos jurídicos.

A metodologia se dará por meio da forma de racionalidade cognitivo-instrumental, a partir da evolução da jurisprudência, efetuando-se a análise crítica-dialética.

Ressalva-se que, também por critérios metodológicos, adotamos aqui a teoria clássica do capitalismo, assim como a vigência do liberalismo após a década de 1970, com tendência a privatização e uma autorregulação do mercado.

2. Relação de emprego e subordinação

Observa-se no movimento social atual a problemática no ideal de verdade, surgindo um relativismo perigoso, quando não adequado ao conceito de preceitos básicos universais, sob o risco de não partirmos dos mesmos pressupostos básicos.

Sendo assim, salienta-se que o conceito de relação de emprego se estabeleceu por de concepções históricas, com a perspectiva de definição normativo-regulamentar.

Não cabe aqui, diante do curto espaço, desenvolver as tradicionais distinções com as inúmeras relações de trabalho, uma vez que o enfoque se dá sob a perspectiva da subordinação.

Todavia, antes, é fundamental especificar que a relação de emprego é uma das modalidades de relação de trabalho, sob o ponto de vista técnico-jurídico(2).

Não há como se afastar, também, que a perspectiva jurídica, sob a concepção de que direito é linguagem, trouxe uma simetria, é verdade, das relações de emprego, como sinônimo das relações de trabalho. Validando tal preceito, a menção se perfaz quando se consagram expressões, como: Contrato de Trabalho, Direito do Trabalho.

De plano, também incidentalmente, indubitável que a confusão técnica traz hoje uma infinidade de tumultos nos aspectos práticos, diante das novas relações humanas estabelecidas sob a perspectiva de intermediação constante de mecanismos digitais, por exemplo, suscitando-se que a distinção das relações técnico-jurídicas, sob a perspectiva dos contratos laborais não se perfaz mais de uma clara distinção, como um trabalho servil ou uma relação escravocrata e outro de caráter econômico e com contrapartidas claras, com clara exteriorização da compra do tempo e remuneração, pelo mesmo(3).

Outrossim, não podemos olvidar o conceito legal da citada relação, conforme o dispositivo dos arts. 2º e 3º, ambos da CLT(4).

Desta feita, aqui temos alguns elementos fático-gramaticais da relação, como pessoa física, não eventualidade, dependência e salário.

---

(2) DELGADO, Maurício Godinho. *Curso de Direito do Trabalho*. 14. ed. São Paulo: LTr, 2015. p. 295-296.

(3) DELGADO, *op. cit.*, p. 295-296.

(4) Art. 2º Considera-se empregador a empresa, individual ou coletiva, que, assumindo os riscos da atividade econômica, admite, assalaria e dirige a prestação pessoal de serviço.

Art. 3º Considera-se empregado toda pessoa física que prestar serviços de natureza não eventual a empregador, sob a dependência deste e mediante salário.

O conceito da evolução da relação jurídica de emprego, sob a concepção de Delgado (fl. 299) se perfaz de cinco elementos fático-jurídicos:

> "Os elementos fático-jurídicos componentes da relação de emprego são cinco: a) prestação de trabalho por pessoa física a um tomador qualquer; b) prestação efetuada com pessoalidade pelo trabalhador; c) também efetuada com não eventualidade; d) efetuada ainda sob subordinação ao tomador dos serviços; e) prestação de trabalho efetuada com onerosidade."(5)

Nesse sentido, indubitável que a pedra de toque se tornou a questão da subordinação e, novamente, através de um salto temporal, com a finalidade do enfoque no objetivo do presente artigo, passaremos ao conceito de Delgado sobre o objeto de discussão, diante da nova perspectiva social.

Assim, nas valiosas lições de Delgado, podemos definir o conceito e a caracterização de subordinação da seguinte forma:

> "Subordinação deriva de *sub* (baixo) e *ordinare* (ordenar), traduzindo a noção etimológica de estado de dependência ou obediência em relação a uma hierarquia de posição ou de valores [18]. Nessa mesma linha etimológica, transparece na subordinação uma ideia básica de submetimento, sujeição do poder de outros, às ordens de terceiros, uma posição de dependência [19]. Convém afirmar que, a subordinação corresponde ao polo antitético e combinado do poder de direção existente no contexto da relação de emprego. Consiste, assim, na situação jurídica derivada do contrato de trabalho, pela qual o empregado compromete-se a acolher o poder de direção empresarial no modo de realização de sua prestação de serviços. Traduz-se, em suma, na "situação em que se encontra o trabalhador, decorrente da limitação contratual da autonomia de sua vontade, para o fim de transferir ao empregador o poder de direção sobre a atividade que desempenhará [20]."(6)

(5) DELGADO, *op. cit.*, p. 299.

(6) DELGADO, *op. cit.*, p. 311 (notas de rodapé ns. 18, 19 e 20).

O caráter objetivo da subordinação, diante da concepção aqui exteriorizada, gera a superação da concepção subjetiva exposta pelo caráter da dependência disposta no art. 3º, da CLT, adequado às relações jurídico-laborais posteriores a década de 70, uma vez que não falamos mais do sistema fordista/taylorista.

A evolução jurídica nos trouxe outros elementos, especialmente sob uma universalidade teleológica-argumentativa, modelo do agir estratégico, respeitando-se aqui uma ideia desvinculada apenas da técnica jurídica conceitual, mas sim da interconexão de metodologias argumentativas, sob o prisma sociológico e filosófico, conforme a concepção de Habermas[(7)], levando-se a concepção da subordinação estrutural, diante da evolução sistemática e das revoluções implementadas por novos modelos industriais e, especialmente, tecnológica.

2.1. Subordinação estrutural

A subordinação estrutural é núcleo fundante do elemento prático deste objeto de trabalho. Sendo assim, para chegarmos a ela, necessitamos mencionar outros dois conceitos, os quais, pelo englobamento atingirão a ideia principal.

Nesse sentido, o doutrinador Delgado em sua obra supracitada trouxe a ideia da subordinação clássica e objetiva, como caminho da ideia estrutural:

> "1 – Clássica: É a subordinação consistente na situação jurídica derivada do contrato de trabalho, pela qual o trabalhador compromete-se a acolher o poder de direção empresarial no tocante ao modo de realização de sua prestação laborativa. Manifesta-se pela intensidade de ordens do tomador de serviços sobre o respectivo trabalhador. É a dimensão original da subordinação, aquela que mais imediatamente na História substituiu a anterior servidão na realidade europeia, propagando-se genericamente pelo capitalismo disseminado nas décadas e séculos

(7) HABERMAS, Jurgen. *Teoria do Agir Comunicativo,1:* racionalidade da ação e racionalização social. Trad.: Paulo Astor Soethe. São Paulo: Editora WMF Martins Fontes, 2012.

> seguintes. Continua, hoje, como a mais comum e recorrente modalidade de subordinação, ainda bastante destacada nas relações socioeconômicas empregatícias."[(8)](fl.313)
>
> "2 – Objetiva (fl. 314) é a subordinação que se manifesta pela integração do trabalhador nos fins e objetivos do empreendimento do tomador de serviços, ainda que afrouxadas"... "as amarras do vínculo empregatício". (22) – nota de rodapé. "Lançada na doutrina pátria pelo jurista Paulo Emílio Ribeiro de Vilhena, esta noção"... "vincula a subordinação a um critério exclusivamente objetivo: poder jurídico sobre atividade e atividade que se integra em atividade". (23). Conforme exposto pelo jurista, a subordinação pode traduzir uma "relação de coordenação ou de participação integrativa ou colaborativa, através da qual a atividade do trabalhador como que segue, em linhas harmônicas, a atividade da empresa, dela recebendo o influxo próximo ou remoto de seus movimentos..."(24). "Como se percebe, a integração do obreiro e seu labor aos objetivos empresariais é pedra de toque decisiva a essa dimensão do fenômeno sociojurídico subordinativo."[(9)]
>
> 3 – Estrutural é, finalmente, a subordinação que se expressa "pela inserção do trabalhador na dinâmica do tomador de seus serviços, independentemente de receber ou não suas ordens diretas, mas acolhendo, estruturalmente, sua dinâmica de organização e funcionamento".[(10)]

Nessa dimensão da subordinação, não importa que o trabalhador se harmonize (ou não) aos objetivos do empreendimento, nem que receba ordens diretas das específicas chefias deste: o fundamental é que esteja estruturalmente vinculado à dinâmica operativa da atividade do tomador de serviços.

---

(8) DELGADO, *op. cit.*, p. 313.

(9) DELGADO, *op. cit.*, p. 314 (notas de rodapé ns. 22, 23 e 24).

(10) DELGADO, *op. cit.*, p. 314 (nota de rodapé n. 25).

A subordinação estrutural, em conjunto com os outros elementos, nesta concepção, gerava o entendimento da ilicitude de terceirizações de atividades-fim das empresas e muitas vezes o reconhecimento do vínculo direto entre o tomador dos serviços e o trabalhador.

Nesse sentido, é a jurisprudência do próprio Ministro:

> ACÓRDÃO – Processo: AIRR – 203900-13.2009.5.04.0662 "AGRAVO DE INSTRUMENTO. RECURSO DE REVISTA. TERCEIRIZAÇÃO ILÍCITA. VÍNCULO DE EMPREGO DIRETO COM A TOMADORA DE SERVIÇO. DECISÃO DENEGATÓRIA DE SEGUIMENTO DO RECURSO DE REVISTA. MANUTENÇÃO . As atividades-fim podem ser conceituadas como as funções e tarefas empresariais e laborais que se ajustam ao núcleo da dinâmica empresarial do tomador de serviços, compondo a essência dessa dinâmica e contribuindo inclusive para a definição de seu posicionamento e classificação no contexto empresarial e econômico . Em face de o acórdão do Tribunal Regional ter consignado a circunstância de o obreiro executar tarefas atreladas à atividade-fim da tomadora, a contratação por empresa interposta foi irregular, formando-se o vínculo de emprego diretamente com o tomador de serviços, na forma da Súmula n. 331, I/TST, que preserva a compreensão já sedimentada na antiga Súmula n. 256/TST, no tocante aos efeitos jurídicos decorrentes da terceirização ilícita. Configurada esta, determina a ordem jurídica que se considere desfeito o vínculo laboral com o empregador aparente (entidade terceirizante), formando-se o vínculo justrabalhista do obreiro diretamente com o tomador de serviços (empregador oculto ou dissimulado). Assim, não há como assegurar o processamento do recurso de revista, uma vez que o agravo de instrumento interposto não desconstitui os termos da decisão denegatória, que subsiste por seus próprios fundamentos. Agravo de instrumento desprovido." (AIRR-203900-13.2009.5.04.0662, 3ª Turma, relator Ministro Mauricio Godinho Delgado, *DEJT* 29.06.2012)

Sob o manto da citada teoria da subordinação estrutural, construía-se o reconhecimento direto dos vínculos entre a tomadora das atividades, na relação tríplice, com o emprego, assim como a responsabilidade solidária entre a tomadora das atividades e a empregadora original, conforme efeitos diretos da interpretação em conjunto da Súmula n. 331, do Tribunal Superior do Trabalho, com o art. 942, do Código Civil, declarando-se nula a relação de emprego entre o trabalhador e a empresa interposta.

2.2. Subordinação estrutural na terceirização, STF e a concepção de Delgado

O avançar histórico da jurisprudência levou a questão ao Supremo Tribunal Federal que, por maioria, no julgamento do ARE 791.932/DF, ocorrido em 11.10.2018 e publicado no *DJe* de 06.03.2019, representativo da controvérsia e com repercussão geral reconhecida (Tema n. 739), relatado pelo Min. Alexandre de Moraes, entendeu pela inconstitucionalidade parcial da Súmula n. 331/TST, a fim de ser reconhecida a terceirização de toda e qualquer atividade, meio ou fim, reiterando o entendimento exarado pelo Plenário do STF em 30.08.2018, no julgamento da ADPF-324 e do RE-958252, com repercussão geral (mas de cujos efeitos esta Turma ainda aguarda modulação). Tendo em vista o trânsito em julgado da decisão proferida no ARE-791.932, ocorrido em 14.03.2019.

A tese de repercussão geral aprovada no Plenário do Supremo Tribunal Federal foi a seguinte: *"É licita a terceirização ou qualquer outra forma de divisão do trabalho entre pessoas jurídicas distintas, independentemente do objeto social das empresas envolvidas, mantida a responsabilidade subsidiária da empresa contratante"*.[(11)]

Com a validade de qualquer terceirização, passou-se a uma nova frente de entendimento, com o equívoco conceitual de que houve a superação da tese da subordinação estrutural.

Nesse sentido, observou-se um atropelo doutrinário tanto no campo do agir estratégico, como no campo lógico. Delgado salienta que o preceito original acerca da composição tríplice da subordinação é de que o conceito jurídico, pela via interpretativa, às modificações a realidade, renova o necessário expansionismo do ramo juslaborativo, como também relativiza a utilidade de fórmulas jurídicas restritivas de direitos sociais e fundamentais.

---

(11) SUPREMO TRIBUNAL FEDERAL *STF decide que é lícita a terceirização em todas as atividades empresariais:* plenário conclui julgamento sobre o tema e, por sete votos a quatro, considera lícita a terceirização entre pessoas jurídicas distintas, independentemente do objeto social das empresas envolvidas. Brasília: Portal STF, 2018. Disponível em: https://portal.stf.jus.br/noticias/verNoticiaDetalhe.asp?idConteudo=388429. Acesso em: 02 nov. 2023.

Demonstra, ademais, a elevada capacidade de adaptação do Direito do Trabalho aos desafios da cambiante sociedade e economia capitalistas.(12)

Ou seja, dimensiona-se por um elastecimento jurídico-interpretativo, o qual se perfaz pela jurisprudência, mesmo no sistema de precedentes.

As relações humanas avançam, independentemente dos movimentos jurídicos, os quais devem acompanhar ou não as citadas relações, surgindo periodicamente a rediscussão acerca do caráter subjetivo, diante dos novos modelos de intermediação nas relações de emprego, gerando-se o cuidado necessário com uma reinvenção da dicotomia entre a subordinação e a dependência técnico-econômica.(13)

A crise já mencionada, diante de uma dicotomia estruturalista, em que a ciência jurídica ainda se encontra, traz uma perspectiva da existência ou inexistência da concepção da subordinação estrutural, entendimento que não está atrelado à melhor técnica, mesmo no atual momento da jurisprudência. O ponto fundamental é quando chegamos ao problema macro da subordinação, dentro do nível tecnológico atual, também estamos falando da crise do Direito, em si, especialmente no pós-positivismo.

Reforça-se o problema ao se utilizar a teoria argumentativa como elemento de ruptura da ordem hierárquica constitucional, porquanto toda a vinculação interpretativa está diretamente conectada à estabilidade jurídica, necessitando conceber o sistema de aplicação normativo.

Nesse sentido, uma luz se observa por meio de metodologia combinada entre a filosofia e os mecanismos decorrentes da teoria da argumentação jurídica, estes adotados pelo Código de Processo Civil de 2015, com a possibilidade da percepção de a questão da subordinação estrutural se dar por mecanismos de aplicação da teoria de precedentes, especialmente pela figura do *distinguishment* (distinção).

Para tanto, devemos mencionar breves perspectivas do tema no sistema de precedentes, porquanto a decisão do STF que dispôs acerca da possibilidade de terceirização de toda e qualquer atividade é, sem dúvida, um precedente vinculativo.

---

(12) DELGADO, *op. cit.*, p. 316 (nota de rodapé n. 19).

(13) DELGADO, *op. cit.*, p. 312-313.

3. Breves considerações acerca da teoria de precedentes, sob a *ratio decidendi* e *obiter dicta*

A teoria de precedentes veio como elemento de novidade quando o Código de Processo Civil de 2015 trouxe em seu bojo a aplicação da *stare decisis*. Nessa senda, desde então, muitos conceitos ainda são mal explorados, uma vez que preconizamos o entendimento dentro da formação romano-germânica, mesmo sob a teoria dos precedentes. A crítica não se perfaz sob a ótica da cultura jurídica brasileira, mas sim sob matéria de técnica interpretativa.

Melhor explicitando, entendemos que não se deve falar em sistema de *civil law* ou *common law*, devendo-se quebrar esse primeiro paradigma. O que existem são famílias jurídicas de acordo com a cultura de um determinado país. Assim, necessitamos de uma adequação dentro da teoria da argumentação, positivada na cultura jurídica do Brasil, através do art. 489, do Código de Processo Civil[(14)].

---

(14) Art. 489. São elementos essenciais da sentença:

I – o relatório, que conterá os nomes das partes, a identificação do caso, com a suma do pedido e da contestação, e o registro das principais ocorrências havidas no andamento do processo;

II – os fundamentos, em que o juiz analisará as questões de fato e de direito;

III – o dispositivo, em que o juiz resolverá as questões principais que as partes lhe submeterem.

§ 1º Não se considera fundamentada qualquer decisão judicial, seja ela interlocutória, sentença ou acórdão, que:

I – se limitar à indicação, à reprodução ou à paráfrase de ato normativo, sem explicar sua relação com a causa ou a questão decidida;

II – empregar conceitos jurídicos indeterminados, sem explicar o motivo concreto de sua incidência no caso;

III – invocar motivos que se prestariam a justificar qualquer outra decisão;

IV – não enfrentar todos os argumentos deduzidos no processo capazes de, em tese, infirmar a conclusão adotada pelo julgador;

V – se limitar a invocar precedente ou enunciado de súmula, sem identificar seus fundamentos determinantes nem demonstrar que o caso sob julgamento se ajusta àqueles fundamentos;

VI – deixar de seguir enunciado de súmula, jurisprudência ou precedente invocado pela parte, sem demonstrar a existência de distinção no caso em julgamento ou a superação do entendimento.

§ 2º No caso de colisão entre normas, o juiz deve justificar o objeto e os critérios gerais da ponderação efetuada, enunciando as razões que autorizam a interferência na norma afastada e as premissas fáticas que fundamentam a conclusão.

§ 3º A decisão judicial deve ser interpretada a partir da conjugação de todos os seus elementos e em conformidade com o princípio da boa-fé.

Sustenta-se que, as classes de precedentes, assim como o seu padrão, são variadas, sempre no aspecto do juiz que dará a decisão, restando as seguintes considerações: 1 – Apenas ter em conta a decisão anterior para fundamentar a sua; 2 – Obrigado a decidir da mesma maneira que o anterior, salvo quando tenha razões para não fazê-lo; 3 – Obrigado a decidir da mesma maneira, mesmo que tenha boas razões para não fazê-lo.

A doutrina do precedente tem uma relevância destacada em todos os sistemas jurídicos dada a importância das decisões judiciais, não somente no campo da própria aplicação do direito, mas também na medida que adquire relevância como fonte formal do direito. A análise do precedente judicial tem especial complexidade(15), visto que temos algumas dimensões, devendo-se destacar:

1 – Dimensão objetiva — o que tem eficácia de precedente e que leva a distinção entre *ratio decidendi* e *obiter dictum.*

2 – Dimensão estrutural — quais sentenças constituem precedente a respeito de uma decisão ulterior.

3 – Dimensão institucional — A organização dos tribunais e as relações de autoridade eles mesmos e que leva a distinguir entre precedente horizontal, vertical e autoprecedente.

4 – Dimensão da eficácia — relativa à intensidade com que os precedentes exercem sua eficácia e que distingue entre precedentes persuasivos e obrigatórios.

Para a criação do precedente é fundamental a necessidade de reafirmação de entendimento ou a existência de lacuna. Vislumbra-se o exemplo da terceirização das atividades laborais, como a típica exemplificação da lacuna jurídica, diante da ausência de regulamentação normativa até o ano de 2018, quando do julgamento da questão pelo Supremo Tribunal Federal.

Para tanto, a problemática da identificação do precedente acima, assim como outros, surge acerca da dificuldade de identificação da *ratio decidendi* encontrada na decisão, assim como os elementos que a orbitam e a sua relevância.

(15) MARINONI, L. G. *Precedentes Obrigatórios*. Lima: Palestra Editores, 2013. p. 115-133.

Aliás, Pierluigi Chiassoni, como grande intérprete da teoria da argumentação, traz uma síntese através de uma perspectiva lógico-filosófica acerca dos problemas de identificação e interpretação, conforme se segue:

> a) *Esta regla puede ser la premisa necesaria y suficiente; la premisa suficiente pero no necesaria; o la premisa necesaria pero no suficiente, de un razonamiento cuya conclusión es la decisión judicial.*
>
> b) *La ratio decidendi es la regla empleada por un juez para justificar la decisión de un caso considerada conjuntamente, sea con las razones que la sostienen, sea con la descripción de los hechos a los que ha sido aplicada.*
>
> c) *rd es cualquier elemento esencial de la argumentación necesario para motivar la decisión de un caso.*[16]

É de fundamental relevância entender o ponto do precedente que traz o caráter vinculante. Nesse sentido, também se encontra na doutrina de Marinoni, o entendimento mais preciso acerca do processo de identificação e o que compõe o caráter da razão de decidir:

> "Outrossim, os sistemas de *stare decisis* tentaram criar mecanismos de identificação da *ratio decidendi*, como o teste de "Wambaugh" (A *ratio decidendi* é o princípio do direito pronunciado pelo tribunal como base para sua decisão. Por um método inverso se propõe qual a regra geral sem a qual o caso teria um destino de julgamento diverso. Mudar esse preceito geraria a mudança da decisão. Outrossim, se uma mudança deixa a decisão inalterada significa que a suposta *ratio* é meramente *dictum*) e o teste de "Goodhart" (RD consiste nos fatos do caso considerados pelo juiz na sentença como fundamentais e sua decisão — baseada neles. O trabalho do juiz ao analisar um caso não é estabelecer os fatos e a conclusão, mas determinar

(16) CHIASSONI, P. *Il Precedente Giudiziale:* tre esercizi di disincanto. Analisi e Diritto. Firenze, 2004. p. 75-101.

> os fatos fundamentais tal e como tenham sido considerados pelo juiz e sua conclusão baseada neles. Pela eleição dos fatos fundamentais que o juiz cria o direito. Uma vez estabelecidos os pressupostos fundamentais e os que não são, pode-se estabelecer o princípio do caso, onde se encontra a conclusão obtida pelo juiz com base nos pressupostos fundamentais e a exclusão dos não fundamentais)."[17]

Luiz Guilherme Marinoni também explicita uma questão de grande impacto, a qual os juristas no Brasil tentam se adaptar, diante da concepção de cultura jurídica pátria e suas individualidades, assim como a dificuldade de implementação da concepção dos testes acima transcritos. O doutrinador assim dispõe:

> "É preciso sublinhar que a *ratio decidendi* não tem correspondente no processo civil adotado no Brasil, pois não se confunde com a fundamentação e com o dispositivo. A *ratio decidendi*, no *common law*, é extraída ou elaborada a partir dos elementos da decisão, isto é, da fundamentação, do dispositivo e do relatório. Assim, quando relacionada aos chamados 'requisitos da sentença', ela certamente é 'algo mais'. E isso simplesmente porque, na decisão do *common law*, não se tem em foco somente a segurança jurídica das partes — e, assim, não importa apenas a coisa julgada material —, mas também a segurança dos jurisdicionados, em sua globalidade. Se o dispositivo é acobertado pela coisa julgada, que dá segurança à parte, é a *ratio decidendi* que, com o sistema de *stare decisis*, tem força obrigatória, vinculando a magistratura e conferindo segurança aos jurisdicionados."[18]

---

(17) MARINONI, L. G. Uma Nova Realidade Diante do Projeto do CPC: a *ratio decidendi* ou os fundamentos determinantes da decisão. *Revista do Ministério Público*, Rio de Janeiro: MPRJ, n. 47, jan./mar. 2013, p. 184-192.

(18) *Ibidem*, p. 5.

Avançando na temática, dentro do ordenamento pátrio, entendemos que para se chegar à *ratio decidendi*, deve-se elaborar um raciocínio, passando por algumas fases interpretativas, com a análise da decisão sob os seguintes aspectos:

A) Regras de direito explicitamente estabelecidas pelo juiz como base para a decisão — resposta explícita à questão de direito do caso.

B) A razão ou razões explícitas dadas pelo juiz na decisão, ou seja, a justificação explícita da questão do caso.

C) Regra ou regras de direito implícitas no racionamento do juiz para justificar a decisão.

D) A razão ou razões implícitas dadas pelo juiz para a decisão, a justificação implícita para a resposta dada para a questão no caso.

E) Regra ou regras de direito pela qual se fundamenta o caso ou se cita como fundamento por um posterior intérprete.

Ao se passar pelo crivo lógico acima exposto, entendemos ser possível a identificação da *ratio decidendi*, verificando-se que as considerações não inclusas nos aspectos acima e existentes na sentença devem ser consideradas como *obiter dicta*.

E aqui surge a grande problemática, ou seja, é passível no período da pós-modernidade, diante da relativização da verdade, como mecanismo de agir teleológico, dispensar totalmente a *obiter dicta* na formação do precedente ou também devemos trazer a relativização desta concepção, em função da importância fática esclarecedora e passível de correção na aplicação do precedente ou não.

Assim, dispomos de uma diferenciação fundante de *obiter dictum*, qual seja a em sentido estrito, é dizer aquelas considerações que não tenham nenhuma relação de implicação lógica com o pressuposto de razão fundamental no objeto do caso e a em sentido amplo, antecedente ou consequência lógica imprescindível da eleição interpretativa realizada pelo juiz no caso concreto de maneira que estão ligadas através de um nexo fundamental ou de subordinação direta com a *ratio decidendi*. Nesse sentido o liame é tão estreito que se pode dizer que a *obiter dicta* faz parte do precedente.

4. Subordinação estrutural, jurisprudência e *distinguishing* (distinção)

Continuando a digressão e pelo método de amostragem jurisprudencial, apresenta-se a decisão do Ministro Mauricio Godinho no Ag-RR-848-83.2017.5.05.0015, após o precedente do Tema 739, do Supremo Tribunal Federal, com discussão da mesma temática, ou seja, terceirização e subordinação estrutural:

> "AGRAVO. RECURSO DE REVISTA. PROCESSO SOB A ÉGIDE DAS LEIS NS. 13.015/2014 E 13.467/2017. 1. VÍNCULO DE EMPREGO COM A TOMADORA DOS SERVIÇOS. ELEMENTOS DO VÍNCULO DE EMPREGO CARACTERIZADOS. ARE 791.932/DF. *DISTINGUISHING*. 2. HORAS EXTRAS. MATÉRIA FÁTICA. Súmula n. 126/TST. É certo que o STF, por maioria, no julgamento do ARE 791.932/DF, ocorrido em 11.10.2018 e publicado no *DJe* de 6.3.2019, representativo da controvérsia e com repercussão geral reconhecida (Tema n. 739), relatado pelo Min. Alexandre de Moraes, entendeu pela inconstitucionalidade parcial da Súmula n. 331/TST, a fim de ser reconhecida a terceirização de toda e qualquer atividade, meio ou fim , reiterando o entendimento exarado pelo Plenário do STF em 30.08.2018, no julgamento da ADPF-324 e do RE-958252, com repercussão geral (mas de cujos efeitos esta Turma ainda aguarda modulação). Tendo em vista o trânsito em julgado da decisão proferida no ARE-791.932 , ocorrido em 14.03.2019 , é necessário o exame da matéria à luz da tese firmada pelo STF, relativamente à possibilidade de terceirização de serviços afetos às atividades precípuas da tomadora dos serviços, sendo irrelevante perquirir sobre a natureza das atividades desenvolvidas pela empresa contratada, razão pela qual me curvo ao quanto decidido pelo STF, ressalvado meu entendimento pessoal. Saliente-se, ainda, que a reforma trabalhista de 2017 igualmente sufragou a existência da responsabilidade subsidiária da entidade tomadora de serviços (ora denominada de " empresa contratante ") pelas parcelas inadimplidas pela empresa prestadora de serviços no contexto de relação trilateral de terceirização trabalhista. É o que resulta claro da regra especificada no art. 5º-A, § 5º, da Lei n. 6.019, conforme redação conferida pela Lei n. 13.429/2017. Ressalte-se, entretanto, que as novas disposições legislativas não se aplicam ao caso dos autos, tendo em vista que o contrato de trabalho findou-se antes do início de vigência das Leis ns. 13.429/2017 e 13.467/2017 . Todavia, o caso concreto não se amolda à tese estabelecida pelo Excelso Pretório, tampouco com ela se incompatibiliza. É que ficou demonstrado, nos autos, que a Reclamante disponibilizou sua força de trabalho em prol do Segundo Reclamado (tomador de serviços), o qual se beneficiou dos serviços despendidos por ela mediante a contratação de pessoa jurídica interposta (prestadora de serviço e empregadora

da Autora). Tudo isso, vale destacar, utilizando-se de artifício fraudulento que tentava mascarar a relação jurídica entre as Empresas — ao final, demonstrada irregular. Na hipótese , o contexto fático consignado no acórdão regional permite aferir a existência de subordinação da obreira aos prepostos do Segundo Reclamado (banco tomador dos serviços), pois, resultou demonstrado que a Reclamante e os demais empregados da Primeira Reclamada eram monitorados por funcionários do Banco (tomador dos serviços). Impõe, ainda, destacar que, como se depreende dos elementos fáticos consignados pelo TRT de origem, o tomador dos serviços (Banco Itaucard) se valeu de artifício fraudulento para mascarar a relação jurídica entre as empresas haja vista a sua interferência direta na empresa contratante, uma vez que, nos termos do contrato firmado entre as Partes, cabia ao banco reclamado designar equipes de empregados da Primeira Reclamada para prestação dos serviços em prol das empresas integrantes do mesmo Conglomerado Econômico que o ITAUCARD. Para o TRT, revelam-se fartos os elementos de prova, no sentido de que os contratos cumpriram o papel de simples instrumento de fraude trabalhista, pois a trabalhadora envolvida estava submetida diretamente aos prepostos do banco tomador de serviços (Segundo Reclamado), ostentando todos os elementos da relação de emprego diretamente com relação a este tomador. Insistiu e demonstrou o TRT que a fórmula terceirizante era mero simulacro para encobrir o vínculo real existente entre as partes, que era nitidamente de emprego entre a obreira e a entidade tomadora de serviços. Na direção proveniente do art. 9º da CLT, "serão nulos de pleno direito os atos praticados com o objetivo de desvirtuar, impedir ou fraudar a aplicação dos preceitos contidos na presente Consolidação". Assim, pelo contexto fático delineado no acórdão regional, conclui-se que a Reclamante estava inserida no processo produtivo do 2ª Reclamada, tendo ele se utilizado da sua força de trabalho mediante contrato fraudulento de terceirização — premissas suficientes para responsabilizá-las, solidariamente, pelas obrigações trabalhistas devidas pelas Empregadoras da Autora, nos termos do art. 942 do CCB/2002. Enfatize-se que, em casos como o dos autos — em que foi reconhecida a fraude na terceirização, que seria a única exceção admitida pelo STF para invalidar a fórmula terceirizante e sufragar o reconhecimento da relação de emprego com a empresa tomadora dos serviços obreiros — esta Corte Superior entende ser cabível o reconhecimento do vínculo de emprego e a decretação da responsabilidade solidária . Julgados desta Corte Superior. Assim sendo, a decisão agravada foi proferida em estrita observância às normas processuais (art. 557, *caput* , do CPC/1973; arts. 14 e 932, IV, *"a"*, do CPC/2015), razão pela qual é insuscetível de reforma ou reconsideração . Agravo desprovido." (Ag-RR-848-83.2017.5.05.0015, 3ª Turma, relator Ministro Mauricio Godinho Delgado, *DEJT* 10.11.2023)

Diante da teoria dos precedentes, observa-se na transcrita decisão a aplicação da distinção. O correspondente conceito de *Distinguishing* (distinção):

> "Se a questão que deve ser resolvida já conta com um precedente — se é a mesma questão ou se é semelhante, o precedente aplica-se ao caso. O raciocínio é eminentemente analógico. Todavia, se a questão não for idêntica ou não for semelhante, isto é, se existirem particularidades fático-jurídicas não presentes — e por isso não consideradas — no precedente, então é caso de distinguir o caso do precedente, recusando-lhe aplicação."(19)

A incorporação da teoria dos precedentes trouxe a positivação no direito pátrio do conceito da distinção, conforme disposição dos incisos V e VI do § 1º do art. 489, do Código de Processo Civil(20).

E aqui temos que nos atentar, com um pouco mais de profundidade, de como Delgado elenca a possibilidade da existência da subordinação estrutural, como mecanismo de violação dos preceitos das relações laborais, utilizando-se da concepção de nulidade (disposta no art. 9º, da CLT), incorporando-se a temática através da distinção, em função do precedente do STF.

Cabe, a partir de agora, elencar a possibilidade argumentativa assim como exemplificar que a arguição da possibilidade de nulidade geradora da possibilidade de reconhecimento do vínculo entre o trabalhador e a tomadora de serviços, na terceirização, pelo mecanismo da distinção argumentativa está no campo da *obiter dictum* em sentido amplo.

---

(19) MARINONI, L. G.; *et. al. Novo Código de Processo Civil Comentado*. 1. ed. São Paulo: RT, 2015. p. 874-875.

(20) Art. 489:

[...]

§ 1º Não se considera fundamentada qualquer decisão judicial, seja ela interlocutória, sentença ou acórdão, que:

V – se limitar a invocar precedente ou enunciado de súmula, sem identificar seus fundamentos determinantes nem demonstrar que o caso sob julgamento se ajusta àqueles fundamentos

VI – deixar de seguir enunciado de súmula, jurisprudência ou precedente invocado pela parte, sem demonstrar a existência de distinção (*distinguishing*) no caso em julgamento ou a superação (*overruling*) do entendimento.

Ocorre que o mecanismo de argumentação não pode se basear apenas em um aspecto de cunho formal, para tanto, devemos buscar apoio na concepção de Habermas e sua Teoria do Agir Comunicativo, como fundamentação argumentativa passível de apreciação do tema em sede de recursos para instâncias superiores, as quais não reavaliam, *a priori*, a matéria fática.

5. Argumentação da distinção, *obiter dicta* em sentido amplo e a teoria da comunicação

O processo judicial envolve a teoria comunicativa, diante da utilização linguística como meio argumentativo. Assim, há que se pontuar qual o melhor mecanismo argumentativo e interpretativo, com a finalidade de se analisar a questão sob o vértice atual, respeitando-se a *stare decisis* e, ao mesmo tempo, mantendo a liberdade da jurisprudência como elemento de estabilização democrática.

Para tanto, adotaremos neste campo argumentativo conceitos de Jurgen Habermas[(21)], quanto ao método argumentativo-hermenêutico, suscitando que a *obiter dictum* em sentido amplo é passível de análise por cortes superiores, uma vez que não está desvinculada da razão de decidir principal, mesmo se tratando de fatos.

Dando um passo atrás, em um sentido bastante abrangente, Direito é linguagem, suscitando-se que os juristas são os mediadores entre o mundo da vida — no entendimento de Habermas — e a obtenção do bem material, concedido através do mecanismo argumentativo.

Outrossim, de plano, há a problemática da reprodução simbólica, quando ausentes bases principais de concordância entre os emissores/reprodutores da mensagem:

> "Nas sociedades desenvolvidas, a desacoplagem progressiva entre a integração social pelos caminhos do mundo da vida e a integração sistêmica pode radicalizar-se a ponto de originar uma submissão do mundo da vida a imperativos como o mercado e o poder administrativo ou político. E nesse caso teríamos uma

(21) HABERMAS, *op. cit.*, p. 215.

> verdadeira 'mediatização' do mundo da vida, isto é, uma submissão incondicional a meios sistêmicos de que resultaria uma 'colonização' do munda da vida."(22)
>
> "No entender de Habermas, esse processo pode assumir dimensões patológicas sempre que a intervenção de imperativos sistêmicos no núcleo da reprodução cultural da integração social e da socialização dos indivíduos atinge um nível tal que a reprodução simbólica do mundo da vida é obstaculizada. Isso acontece quando processos de burocratização ou monetarização provocam assimetrias no uso dos potencias de racionalidade, as quais podem afetar os recursos da solidariedade social que flui do mundo da vida."(23)

A Teoria do Agir Comunicativo (TAC) é um preceito elaborado com a finalidade argumentativa, sob premissas comuns, diferenciando-se do agir teleológico, mecanismo, parece-nos, inócuo na teoria dos precedentes, o qual pressupõe toda a perspectiva argumentativa com a finalidade de se atingir um objeto específico de interesse de uma das partes envolvidas. Assim, a racionalidade de uma exteriorização depende da confiabilidade do saber contido nela.

Nessa senda, para Habermas:

> "O sistema jurídico tem um conteúdo prático-moral, tem um conteúdo mediador, tem um conteúdo integrador, portanto, o direito tem uma proximidade com a esfera comunicativa, quer dizer que o direito não é teleológico, mas, sim, uma teia de conteúdos comunicativos com aqueles ligados ao sistema."(24)

Trazendo mais um elemento da perspectiva *Habermasiana*, o conceito de fundamentação está intimamente ligado ao de aprendizado. Também no caso dos processos de aprendizado a argumentação desempenha papel

(22) HABERMAS, *op. cit.*, p. 23-24.

(23) HABERMAS, *op. cit.*, p. 8.

(24) HABERMAS, *op. cit.*, p. 47.

de fundamental relevância quanto à validação tanto interna, quanto externa da sentença[25].

Assim, como premissa sociológico-jurídica, a racionalidade é uma disposição de sujeitos capazes de falar e agir. Ela se exterioriza nos modos de comportamento para os quais, a cada caso, subsistem boas razões. Isso significa que exteriorizações racionais são acessíveis a um julgamento objetivo — o que vale para todas as exteriorizações simbólicas que estejam ligadas ao menos implicitamente a pretensões de validade (ou a pretensões de validade passível de crítica). Toda checagem explícita de pretensões de validade controversas demanda uma forma ambiciosa e precisa que cumpra os pressupostos da argumentação[26].

Nesse sentido, "*Se as ações sociais são coordenadas pelo caminho do entendimento, são as condições formais de um comum acordo racionalmente motivado que indicam a maneira pela qual se podem racionalizar as relações entre os participantes da interação*"[27], devemos considerar um Mundo da Vida racionalizado na medida em que permite interações "*que não sejam guiadas por meio de um comum acordo prescrito por via normativa, mas sim — direta ou indiretamente — por meio de um entendimento alcançado comunicativamente*".[28]

A ideia acima disposta se percebe na distinção argumentativa, dentro da racionalidade processual no modelo da *stare decisis*, como mecanismo de ação explicativa. Ainda, a sua análise somente pode estar dentro do campo da *obiter dictum* em sentido amplo, diante da análise da correção das normas de ação (entendimento de Habermas sobre o discurso moral-jurídico), não se afastando da veracidade das expressões e, reitera-se, pela necessidade de pressuposições básicas sob concordância e ausência de rediscussão, no campo processual, dos fatos.

Em perspectiva objetiva e pós-estruturalista, há que se fomentar que a teoria do agir comunicativo evidencia e valida a existência de uma necessidade de análise do conjunto de fatores preponderantes pertencentes a *ratio*

---

(25) HABERMAS, *op. cit.*, p. 49.

(26) HABERMAS, *op. cit.*, p. 56.

(27) HABERMAS, *op. cit.*, p. 586.

(28) BETTINE, M. *A Teoria do Agir Comunicativo de Jürgen Habermas:* bases conceituais. São Paulo: Editora EACH-USP, 2021. p. 59.

decidendi, com a impossibilidade do seu isolamento, dispondo que a *obiter dicta*, quando interdependente, em sentido amplo, não pode ser afastada de análise.

Por fim, não se pode trazer o conceito da subordinação estrutural hoje, desvinculado da estrutura e do modelo de pressuposição de Habermas, uma vez que a sua existência depende da confluência técnico-argumentativa, mesmo com a sua fluidez conceitual nas palavras do doutrinador Mauricio Godinho Delgado, diante da necessidade de seu reconhecimento através da distinção nos processos, de forma individual, em função da decisão vinculante do Supremo Tribunal Federal.

Diante da perspectiva hermenêutica de Habermas, a subordinação estrutural pode ser reconhecida, através da argumentação no modelo comunicativo, uma vez que se adequa a possibilidade de distinção na teoria dos precedentes, através de sustentação da nulidade de eventuais terceirizações fraudulentas, situações que só podem ser tratadas no campo da *obiter dicta*, uma vez que perpassarão por circunstâncias fático-processuais.

6. Conclusão

Sob uma perspectiva metodológica, portanto, respeitando o entendimento de que cortes superiores não podem invadir a matéria fática, assim como o preceito de Delgado da subordinação estrutural e sua fluidez de conceito no tempo e no espaço, mesmo diante da decisão vinculativa de possibilidade irrestrita da terceirização pelo Supremo Tribunal Federal, há que se possibilitar a análise da fraude nas relações envolvendo as respectivas terceirizações.

Habermas, quando traz a sua teoria do agir comunicativa, no campo moral-jurídico, adequando-se aos preceitos argumentativos, dispõe um caminho em que "(i) o entendimento é anterior ao dissenso; (ii) o agir comunicativo é anterior ao agir estratégico; (iii) o agir social é anterior ao agir teleológico".

Seguindo o rito acima disposto, o meio de análise e argumentação plausível se dá por meio da distinção da decisão vinculativa do STF, respeitando-se a possibilidade de flexibilização, diante da teoria dos precedentes vigente na cultura jurídica brasileira, a qual somente poderá ser feita na seara da *obiter dictum* em sentido amplo, devendo-se analisar este elemento coligado com a *ratio decidendi*, reconfigurando a disposição de matéria argumentativa.

A validação dos elementos por meio da análise da evolução jurisprudencial, postulando-se uma reordenação da análise argumentativa em sede da teoria da comunicação ativa, está constante das petições, especialmente nos momentos da proposição de recursos para instâncias colegiadas, a qual necessariamente terá que identificar a obter dicta, em sentido amplo, como objeto de apreciação em qualquer fase processual.

7. Referências

BETTINE, M. *A Teoria do Agir Comunicativo de Jürgen Habermas:* bases conceituais. São Paulo: Editora EACH-USP, 2021. p. 59.

BONß, W. *A Prática dos Fatos* [*Die Einübung des Tatsachenblicks*]. Universitätsverlag. Frankfurt, Frankfurt, 1982. p. 83 (tradução livre).

BRASIL. *Decreto-lei n. 5.452, de 1º de maio de 1943*. Aprova a Consolidação das Leis do Trabalho. Brasília: DF, *Diário Oficial da União*, 1943.

______. *Lei n. 10.406, de 10 janeiro de 2002*. Institui o Código Civil. Brasília: DF: *Diário Oficial da União*, 2002.

______. *Lei n. 13.115, de 16 março de 2015*. Institui o Novo Código de Processo Civil. Brasília: DF: *Diário Oficial da União*, 2015.

CHIASSONI, P. *Il Precedente Giudiziale:* tre esercizi di disincanto. Analisi e Diritto. Firenze, 2004. p. 75-101.

DELGADO, Mauricio Godinho. *Curso de Direito do Trabalho*. 14. ed. São Paulo: LTr, 2015. p. 295-296.

HABERMAS, Jurgen. *Teoria do Agir Comunicativo, 1:* racionalidade da ação e racionalização social. Trad.: Paulo Astor Soethe. São Paulo: Editora WMF Martins Fontes, 2012.

JURISDIÇÃO. Tribunal Superior do Trabalho. AIRR-203900-13.2009.5.04.0662, 3ª Turma, relator Ministro Mauricio Godinho Delgado, *DEJT* 29.06.2012.

______. Tribunal Superior do Trabalho. *Ag-RR-848-83.2017.5.05.0015*. 3ª Turma, relator Ministro Mauricio Godinho Delgado, *DEJT* 10.11.2023.

MARINONI, L. G.; *et. al. Novo Código de Processo Civil Comentado.* 1. ed. São Paulo: RT, 2015. p. 874-875.

______. *Precedentes Obrigatórios.* Lima: Palestra Editores, 2013. p. 115-133.

______. Uma Nova Realidade Diante do Projeto do CPC: a *ratio decidendi* ou os fundamentos determinantes da decisão. *Revista do Ministério Público.* Rio de Janeiro: MPRJ, n. 47, jan./mar. 2013, p. 184-192.

SUPREMO TRIBUNAL FEDERAL STF decide que é lícita a terceirização em todas as atividades empresariais: plenário conclui julgamento sobre o tema e, por sete votos a quatro, considera licita a terceirização entre pessoas jurídicas distintas, independentemente do objeto social das empresas envolvidas. Brasília: Portal STF, 2018. Disponível em: https://portal.stf.jus.br/noticias/verNoticiaDetalhe.asp?idConteudo=388429. Acesso em: 02 nov. 2023.

Prova e sua Valoração como Elemento de Proteção de Pessoas em Condição de Vulnerabilidade

1. Introdução

O movimento sociológico, político, filosófico e artístico denominado pós-modernidade, em conjunto com o liberalismo, após a inflexão da década de setenta do século passado traz um grande desafio geracional acerca do padrão de verdade necessário para a proteção legal e processual, especialmente dos trabalhadores, estes em condições de minorias e vulnerabilidade, como negros, mulheres, povos originários, pessoas com deficiência, orientação sexual, entre outras.

O mecanismo social para estabilização dos conflitos detém como ponto fundante o processo, como finalidade instrumental de apurar e racionalizar a correspondente violação. Nessa senda, os mecanismos de prova são elementos estruturantes da concessão ou não do direito material.

Indubitável que, por meio dos movimentos mundiais propagadas por uma sociedade cada vez mais interconectada e autorreferencial, gera-se uma crise sem precedentes acerca da discussão da verdade, concepção utilizada neste trabalho como mecanismo de validação ou não da prova, especialmente na fase de valoração do magistrado.

Assim, através do panóptico atual, indubitável as consequências diretas dos movimentos expostos na teoria da prova, com reflexo direto nos modelos de apuração processual, concebendo-se que a própria teoria probatória deve trazer à tona o elemento exposto por Michel Foucault ao elencar sistema *autopoiético*, definido como rede de produção de componentes e estruturas. Como emissor da própria comunicação, opera, por isso mesmo, de forma autorreferencial, com a implicação da autorganização: elementos produzidos no mesmo sistema. Decorre da auto-organização da natureza e da sua comunicação com o seu ambiente, como se fossem células do corpo autorregenerado (FOUCAULT, 2022).

O padrão probatório mínimo necessário não pode se furtar do diálogo com seu ambiente, salientando não ser um fim em si mesmo.

Diante do quadro indubitável que o sistema judiciário necessita de adequações, porquanto não pode se quedar distante de uma necessária resposta efetiva a temas prementes na sociedade e no ambiente laboral, citando-se, por exemplo, o assédio sexual.

A questão em si, diante da discussão judicial, não pode mais ser vista pelas simples regras clássicas de aplicação do ônus probatório, devendo-se integrar mecanismos modernos de apuração, assim como o desenvolvimento de um padrão novo e a premissa de rediscussão do padrão necessário de verdade.

O objeto a ser protegido é exatamente o direito material fruto da violação. Outrossim, o objeto de proteção se perfaz em uma camada primária, individual, assim como uma verificação mais aprofundada do direito daquelas minorias estabelecidas na concepção sócioestrutural.

Esse será o caminho percorrido através da apresentação e do respectivo trabalho.

A ideia é abrir a discussão acerca de uma necessária incorporação de elementos na teoria probatório, assim como o espectro de verdade que se busca atender no processo judicial, sob a premissa de resolução efetiva das demandas sociais, com a garantia do mínimo existencial, assim como a perspectiva de se atender a igualdade, utilizando-se a aqui uma concepção *Hegeliana*.

O objetivo não é ser um fim em si mesmo, assim como o processo judicial, mas sim a oportunidade de se discutir as reais necessidades as quais a teoria probatória deve atender correlacionadas às dificuldades e desafios das relações humanas na pós-modernidade.

Entendemos que a discussão se desenvolverá através da utilização da concepção atualizada da biopolítica, com os mecanismos de análise sob a perspectiva filosófica, sociológica, especialmente no aspecto coletivo, maximizando os efeitos do padrão de verdade necessário para uma valoração com maior probabilidade de acerto, atingindo-se a proximidade de uma plenitude na justificação interna e externa de uma decisão.

O modelo a ser seguido é o analítico-crítico, com elementos dialéticos estruturados em cadeia, através da vinculação das matérias interconectadas.

2. Verdade e pós-modernidade

Parece-nos que, de tempos em tempos, a sociedade detém uma cíclica mudança comportamental, na qual se aceitam algumas verdades, como regra de pavimentação básica e, após um determinado período sempre cunhado por algum elemento de ruptura social, verdades pré-estabelecidas se dissolvem e são objetos de, primeiramente, o lançamento de dúvidas, em um segundo momento, ataques e, por fim, são parcialmente ou totalmente desconstruídas, mas não através de um processo científico e metodológico, mas sim através de um mecanismo de *chauvinismo* argumentativo.

Nessa senda, indubitável que a "cibercultura", através da maximização da oralidade, diante das redes de conexão virtual, gera a possibilidade desta refundação das verdades, de maneira muito rápida (LÉVI, 2010, p. 11)[(1)].

O efeito do quadro em testilha gera no pós-modernismo uma gama ilimitada de informações e desafios estruturais, especificamente na concordância do mínimo existencial básico.

Nesse contexto desafiador, o qual afeta todos, onde tudo depende do controle das narrativas, os efeitos dessa perspectiva no Direito são deletérios e destrutivos, salientando que o processo, este como meio e não fim em si mesmo, torna-se vulnerável ao acima exposto, assim como a materialização e validação de uma grande gama de ilegalismos, fruto de:

a) Necessidade de um fim social pretendido, independentemente do meio;

(1) "A hipótese que levanto é que a cibercultura leva a copresença das mensagens de volta a seu contexto como ocorria nas sociedades orais, mas em outra escala, em uma órbita completamente diferente. A nova universalidade não depende mais de autossuficiência dos textos, de uma fixação e de uma independência das significações. Ela se constrói e se estende por meio da interconexão das mensagens entre si, por meio de sua vinculação permanente com as comunidades virtuais em criação, e lhe dão sentidos variados em uma renovação permanente."

b) engano dos agentes que atuam no processo, em decorrência de algum elemento manipulado e/ou adulterado.

Assim, o quadro desafiador traz à tona a rediscussão de uma concepção de verdade, especialmente o quanto ela é necessária para o deslinde de uma questão posta em juízo.

Estruturalmente, como mencionado, vivemos a era da estabilização de uma narrativa, independentemente da lógica ou verdade, especialmente que se parte de um fato para o seu estabelecimento (narrativa).

Michele Taruffo menciona (*Verifobia*: Un diálogo sobre prueba y verdad, 2017), como concepção a "verifobia", ou seja, a fobia da verdade.

E o efeito direto de todo o contexto exteriorizado é a reflexão que devemos fazer acerca da teoria de provas, especialmente o quanto as regras clássicas do ônus probatório devem ser aquelas indicadas para a estabilização de uma demanda na era da pós-verdade ou, como proposta, as regras devem ser analisadas no contexto das partes e da situação envolvida, especialmente com os elementos de entendimento especialmente atual acerca de minorias que estão sob a concepção de um prejuízo estrutural.

Aqui devo fazer um adendo de como se redimem os ilegalismos, nesta ideia de compartilhamento veloz das informações, através da *cibercultura* estabelecida como estruturante da liberdade.

Repito, a teoria de provas não pode estar imune a tal concepção, suscitando-se que o desafio atual no processo é o aceite ou não do ilegalismo, especialmente decorrente da fobia da verdade, elemento fundante do controle da narrativa.

O processo está diretamente inserido no desafio do século de restabelecermos algumas verdades universais, com a finalidade de manutenção da civilidade e possibilidade de convivência, afastando-se uma concepção de impulsividade para estabilização.

2.1. O cenário social, a prova e sua valoração nas decisões judiciais

O ceticismo e a autorreferencialidade na sociedade atual, sem dúvida, traz uma indumentária de resolução individual e dentro do conceito pessoal dos problemas.

Não há crenças no outro ou uma correspondente responsabilidade sobre o outro (LÉVINAS, 2008) neste retorno mais agressivo a um romantismo, desta feita, não idealizado.

Dentro de um aspecto cíclico, assim como da arte sempre retratado a história, lembro-me de um conto de François Rabelais (1494-1553), escritor renascentista francês, autor de *Gargantua e Pantagruel*, o qual se mostra bastante atual, na sociedade de fundamento autorreferencial, há uma ideia de descrença na justiça, especificamente no racionamento probatório, especialmente na depuração/valoração da prova.

Rabelais frequentou o curso de Direito em Poitiers, antes de fazer o curso de Medicina, ou seja, detinha propriedade para citar a interseccionalidade de matérias, exteriorizado isso no citado conto, quando imaginou um gigante beberrão, Gargantua, cujo filho, também imenso, Pantagruel, vive uma série de aventuras, a começar por sua própria educação, que traz inovação na pedagogia da época, a exemplo da educação física, da prática de esportes.

No conto, o Juiz Bridoye sentenciava os processos pela sorte nos dados.(2) O Juiz Bridoye julgava com base na sorte porque os modernos gostam da brevidade. Rabelais faz o juiz explicar seu procedimento, em passo muito espirituoso(3). Situa-se, também, como o juiz prolatava as decisões, justificando-as, deixando que o tempo torne mais doce e suportável a decisão.(4)

---

(2) *"(...) Notam que a sorte é muito boa, honesta, útil e necessária à solução dos processos e dissenções."*

(3) *"Faço como vós, senhores, como é uso na judicatura, ao qual o nosso direito manda sempre sujeitar-nos (...). Tendo bem visto, revisto, lido, relido, passado e folheado as queixas, adiamentos, comparações, comissões, informações, antecipações, produções, alegações, contestações, réplicas, tréplicas, pareceres, despachos, interlocuções, retificações, certidões, protelações, escrituras, agravos, ressalvas, ratificações, confrontações, acareações, libelos, apostilas, cartas reais, compulsórias, declinatórias, antecipatórias, evocações, remessas, contra-remessas, baixas, confissões, suspensões, prosseguimentos, e outros incidentes, provocados por uma ou outra parte (...), coloco na extremidade do gabinete toda a papelada do réu e tiro-lhe a sorte (...). Isso feito, coloco a papelada do autor (...) na outra extremidade da mesa (...). E então uso os meus dadinhos (...). Tenho outros dados bem bonitos e harmoniosos, os quais uso, (...). quando a matéria é mais clara, quer dizer: quando a papelada é menor."*

(4) *"(...) Eu detenho, dilato e adio o julgamento, a fim de que o processo, bem ventilado, esmiuçado e debatido, chegue, pela passagem do tempo, à maturidade, e de tal sorte, pelo que após advenha, se torne mais docemente suportado pelas partes condenadas (...)."*

Rabelais hostiliza todo o pessoal do foro, sem excetuar ninguém, a propósito do *sugando bem forte e continuamente as bolsas das partes*. Para Rabelais o processo é algo desprezível, e assim se manifestou: *"A verdadeira etimologia do processo é que ele deve ter os sacos cheios"*.

Para Rabelais, o Juiz Bridoye pelo menos era bastante sincero[(5)], aliás, movimento que a pós-modernidade traz como qualidade indefectível e máxima, como a concepção da visão de Nietzsche dos sacerdotes ascéticos (NIETZSCHE, 2017).

Sem dúvida, o autor criticou, com bastante ironia, a valoração da prova. Parece-nos que nada pode ser mais atual do que o exposto aqui.

2.2. Prova e verdade no processo

A discussão é bastante antiga, mas sob uma concepção metodológica, sem dúvida, a espiral conceitual se aprofunda, salientando-se que a cada novo momento sociológico o efeito direto do *standard* padrão probatório no processo também se altera, especificamente através da era da pós-verdade.

O Direito não está imune, como dito, assim como a teoria probatório, porquanto é a primeira a ser violada nesta fase do controle das narrativas.

A discussão fática se dará em quais condições? O estabelecimento deste padrão é fundamental para o avanço do entendimento e respeito pelos entes envolvidos no processo, acerca de um compromisso de estabelecimento de um padrão probatório ético.

Não há como se mencionar prova, sem a sua valoração, assim como seus mecanismos de interpretação.

Assim, debruçam-se os estudiosos sobre as decisões interpretativas e a seleção de premissas normativas do racionamento judicial. Os problemas da determinação dos fatos aos efeitos de selecionar as premissas fáticas já não tinham sido estudados com frequência, mesmo antes do avanço da maximização da pós-verdade na *cibercultura*.

---

(5) *"(...) conhecendo as antinomias e contrariedades das leis, editos, costumes e ordenações; ciente da fraude do caluniador infernal, o qual muitas vezes se transfigura em mensageiro da luz por seus ministros, perversos advogados, conselheiros, procuradores e outros que tais, transforma o negro em branco, faz fantasticamente parecer a uma e outra parte que ela está com o direito (como sabeis, não há causa tão má que não encontrasse advogado, se assim não fosse, jamais haveria processos no mundo)."*

Michelle Taruffo, em sua brilhante obra (A Prova) traz as justificativas do abandono deste estudo mais aprofundado, quais sejam:

1) Considerar que todo fenômeno de prova está compreendido e regulamentado em normas jurídicas (não necessariamente meios de prova), de forma que somente vale a pena sistematizar e examinar os meios de prova.

2) Somente validar provas regulamentadas, afastando as atípicas.

3) Assumir o contexto autossuficiente da regulamentação da prova no aspecto jurídico e não aceitar a importação de conceitos gerais, especialmente empíricos (sociológicos, psicológicos etc.).

A linha introdutória mencionada já traz o tamanho do desafio estrutural a ser escalado.

Há que se salientar, também, que a concepção em apreço não está imune de críticas especialmente na maravilhosa discussão entre Michelle Taruffo e Bruno Cavallone (*Verifobia*: Un diálogo sobre prueba y verdad) como fator fundante inicial de discussão acerca do ônus probatório na pós-verdade.

Nesse sentido, na mesma obra, Bruno Cavallone traz uma ideia inicial, naquele modelo espiral de revisitação de uma concepção ideal da busca da verdade, concebendo a ideia de Calamandrei: "Calamandrei, quien en la célebre monografía Proceso y justicia justamente afirmaba que "la finalidad del proceso no es solamente la búsqueda de la verdad; la finalidad del proceso es algo más, es la justicia, de la cual la determinación de la verdad es solamente una premisa".

E chama a atenção para uma problemática atual na pós-modernidade, especificamente quando com os meios disponíveis, dentro da evolução da *cibercultura*, incorre-se no erro de intepretação mesclando eventos passados e critérios modernos: "Rückschluss, esto es, el error usual de interpretar eventos pasados con criterios modernos".

Esse é o desafio para a mensuração da prova, mas isso deve perpassar a questão das regras do ônus probatório.

2.3. Regras do ônus probatório

O ponto fundante a ser explorado é se as regras de distribuição da prova, especialmente na concepção clássica, atendem uma concepção de justiça neste período de afronta aos Estados democráticos de direito, neste momento de pós-verdade.

Avançando na temática, o quanto os sistemas em testilha protegem minorias, no sentido *lato* do termo, como as raciais, gênero, orientação sexual, pessoas com deficiência, povos originários, entre outros.

Também é determinante para a discussão a concepção da necessidade de resolução das demandas, em grande escala, assim como o atendimento do mínimo existencial, por meio da correção das decisões.

Há que se salientar, *a priori*, os alarmantes números, assim dados do Tribunal Superior do Trabalho (TST), órgão máximo da justiça laboral brasileira, apontam que, somente em 2021 foram ajuizados, na Justiça do Trabalho, mais de 52 mil casos relacionados a assédio moral e mais de três mil relativos a assédio sexual em todo o país.(6)

Nesse sentido, o mesmo tribunal mostra que os registros de assédio sexual voltaram a subir, após o arrefecimento da pandemia e a retomada gradual do trabalho presencial. Em 2019, 2.805 processos foram abertos nas Varas do Trabalho de todo o país. Em 2020, os registros apresentaram uma leve queda para 2.455 processos. Mas os números de 2021 apontavam uma tendência de aumento já que foram 3.049 novas ações, uma média de 254 vítimas que buscam a Justiça por mês.(7)

Com a concepção em apreço, suscita-se a grande problemática quanto a questão probatória, porquanto, conforme exposto, na maior parte das vezes

---

(6) Em 2021, Justiça do Trabalho registrou mais de 52 mil casos de assédio moral no Brasil.: TRT-13 promove campanha sobre assédio moral e sexual durante mês de maio. Tribunal Regional do Trabalho da 13ª Região (PB). Paraíba, 03 maio 2022. Disponível em: https://www.trt13.jus.br/informe-se/noticias/em-2021-justica-do-trabalho-registrou-mais-de-52-mil-casos-de-assedio-moral-no-brasil. Acesso em: 02 jun. 2023.

(7) AGUIAR, Caroline; TUNES, Gabriela e VITÓRIA, Vanessa. Brasil teve mais de 250 casos de assédio sexual no trabalho por mês em 2021. *SBT News*, São Paulo, 10 abr. 2022. Disponível em: https://www.sbtnews.com.br/noticia/justica/204188-brasil-teve-mais-de-250-casos-de-assedio-sexual-no-trabalho-por-mes-em-2021. Acesso em: 04 jun. 2023.

o ato em si se dá escondido com o assediador em ambientes fechados e sem a perspectiva de uma prova material, por si.

A abertura de um processo judicial sobre o tema não garante uma busca efetiva pela verdade ou, como defendemos, uma maior probabilidade de verdade.

Nesse sentido, mister suscitar que, no ano de 2004, 85% das ações judiciais distribuídas ao Conseil des Prud'hommes de Paris alegavam algum tipo de assédio moral. Dessas, porém, somente 5% levaram a uma condenação por assédio.(8)

Na mesma linha, dois terços dos processos por assédio sexual na administração federal terminam sem punição.(9)

Ou seja, estamos diante de uma grande defasagem entre a busca da tutela e a sua efetivação, um grande abismo que, sem dúvida, se dá no aspecto existencial, assim como uma necessidade de questionarmos qual seria o nosso objetivo como juristas e possíveis indutores de uma melhora na sociedade.

Reitera-se, não há possibilidade de a discussão não resvalar na questão da prova e verdade, sob um aspecto macro, sem o determinismo de resolução pura e simples da demanda.

A regra clássica de distribuição do ônus probatório não comporta a real efetivação da resolução da demanda protegendo o direito da vítima, quando pertencente à minoria.

Indubitável que devemos recorrer aos conceitos multidisciplinares, trazendo uma concepção de força oriunda de uma ciência exata, como a física, dentro da teoria probatória, com a finalidade do que se faz ao emitir

(8) BOURGAULT, Julie. Le harcèlement moral en France: un concept juridique subjectif-objectif? Regards croisés sur les politiques publiques visant à contrer la violence au travail, in *Santé, société et solidarité*. Québéc: Observatoire franco-québécois de la santé et de la solidarité, 2006. n. 2. p. 113.

(9) TOMAZELLI, Idiana. Dois terços dos processos por assédio sexual na administração pública federal terminam sem punição. *Folha de S.Paulo*, São Paulo, 04 jun. 2023. Disponível em: https://www1.folha.uol.com.br/mercado/2022/07/dois-tercos-dos-processos-por-assedio-sexual-na-administracao-federal-terminam-sem-punicao.shtml. Acesso em: 04 jun. 2023.

o enunciado (prescrever uma conduta, descrever um estado de coisas, expressar uma emoção). Assim devemos utilizar a força *p* na citada proposta, trazida pelo professor Jordi Ferrer (*Prueba y verdad en el derecho*, 2005).

Nessa acepção a força de estar provado, sob a sigla *p*, deve ser feita sob a perspectiva de três maneiras: a) constitutiva; b) normativa; c) descritiva.

Não há preponderância, mas avaliação qualitativa, dentro da fase da valoração da prova.

Podemos conceber a constitutiva, através da concepção clássica, ou seja, quando o juiz incorpora aquele fato em seu racionamento probatório. Nesse aspecto tivemos como defensores Kelsen e Carnelutti, com o ideal positivista, salientando-se ser majoritária no século XX.

Aqui, deve-se, incidentalmente, sustentar que não tem a ver com a verdade, reiterando-se ser nas palavras de Taruffo, a sua busca um ideal de justiça. É resultado de uma atividade decisória, e não cognoscitiva. Impossibilidade de predicar verdade ou falsidade.

Nessa esteira, não se nega a existência do juiz falível, portanto se recorre ao conceito de verdade jurídica (formal).

Já a concepção do Enunciado Normativo se atribui de uma perspectiva de conjugação dos fatos com a norma.

De plano, deve-se afirmar que não há valoração de verdade aqui também. É um processo de avaliação da consequência jurídica, ou seja, um exercício de subsunção.

Ainda, há que ser clara a distinção entre a força que se atribui ao enunciado que expressa a definição e a força que deve atribuir aos enunciados que contenham o fim definido. Aqui surge outro problema, qual seja, para a determinação do fato e a consequente subsunção é necessária prévia interpretação do já citado enunciado.

Por fim, o Enunciado Descritivo, deve ser percebido pela ocorrência de um determinado fato em uma realidade externa ao processo. Haveria suscetibilidade de verdade ou falsidade, ou seja, tratamos da avaliação do valor do fato, e não do fato em si e sua consequência enunciativa.

A situação em testilha gera, sob uma primeira ótica, crítica direta entre aqueles que acreditam na diferença entre a verdade material e uma outra, de cunho formal.

Para Taruffo (2014) aqui estamos diante do conjunto de elementos, procedimentos e racionamentos, mediante os quais se elabora, verifica e confirma como verdadeira aquela reconstrução. É o processo de recuperação do nexo instrumental entre a prova e a verdade dos fatos.

Assim, sob uma interpretação *a contrario sensu*, para negar a assimilação basta admitir que o fato "x" não foi provado no processo, ainda quando o enunciado que afirma sua ocorrência seja verdadeiro, aqui uma nítida possibilidade da mera distribuição do ônus da prova.

A situação em comento já trará um problema, o qual vamos antecipar, quanto à possibilidade de existência do nexo probalístico, circunstância específica de aplicação da dinâmica distribuição da prova, circunstância que dificultaria, sob esta análise, a aplicação da citada forma diversa de distribuição da prova, em caso de arguição de violação ao direito de pessoas em condição de vulnerabilidade.

Diante da breve descrição dos modelos de enunciados fundantes da teoria e da correspondente valoração da prova, avançamos na problemática da prova e verdade, sob a perspectiva da inexistência de regulamentação específica, sob o preceito de uma análise de necessidade de a sentença estar justificada interna e externamente, conforme a doutrina de Robert Alexy em sua obra (*Teoria da Argumentação Jurídica*).

Nessa linha, a premissa fundamental é estar provado que *p*, utilizando-se para fazer referência ao resultado do conjunto da atividade probatória desenvolvida a favor ou contra a conclusão *p* (em atenção aos distintos meios específicos de prova apostos no processo).

E chegamos ao ponto de análise de estar provado que *p*, como verdade.

Nessa linha, há a possibilidade de se interpretar a inexistência de diferença entre prova e verdade. A prova, em si, seria a comprovação judicial, pelos meios que a lei estabelece, da verdade de um fato controvertido do qual depende o direito a que se pretende.

Duas críticas devem ser colocadas, sob uma perspectiva lógico-jurídica: a primeira é a diferença entre fatos provados e fatos que realmente ocorreram, já a segunda está na perspectiva de que não se pode afastar a colheita errônea de prova, por ausência de respeito aos meios processuais adequados.

Assim, a discussão entre Cavallone e Taruffo traz um elemento de fundamental relevância, especificamente qual seria a direção da prova, no momento de sua colheita em sede processual. O questionamento de Cavallone, com boa dose de ironia, é bastante claro: *"el aspecto más importante de la nueva concepción de las pruebas es el claro reconocimiento del descubrimiento de la verdad sobre los hechos del caso como fin al que estaba dirigida la adquisición de las pruebas"*. Así, esta "victoria del racionalismo sobre el misticismo" (*Verifobia:* Un diálogo sobre prueba y verdad).

A concepção se complementa com a discussão entre a aplicação da regra do ônus probatório como antiepistêmica e o preceito do *non liquet.*[10]

A crítica é de fundamental relevância, porquanto a concepção de resolver o processo, apenas sobre as regras da distribuição do ônus probatório não aparentam trazer, no período da pós-modernidade, o mínimo de pacificação social.

Suscita-se que, em nosso modesto entendimento, as regras de distribuição probatória, assim como suas excepcionalidades, como a dinâmica distribuição da prova, devem ser epistêmicas, reforços argumentativos, mas não absolutos, sintoma, aliás, da já citada *verifobia*.

---

(10) (...) con gran frecuencia, todas las veces que, no considerando probado uno o más hechos controvertidos, el juez decide aplicando la regla de juicio de la carga de la prueba, regla antiepistémica por excelencia, que podría desaparecer como tal, pero que constituye uno de los fundamentos de la regulación del juicio de hecho en todo ordenamiento moderno (y, por lo demás, el non liquet del juez romano era aún peor desde este punto de vista, porque comportaba la renuncia a decidir, incluso si la decisión estaba eventualmente conforme a la "realidad de los hechos").

Ahora, mi desacuerdo sobre este punto no se deriva de una simpatía preconcebida por todas las prohibiciones probatorias, sino solo de la convicción de que las reglas bajo examen no tienen más que indirectamente una "función epistémica", y son en cambio reglas sustanciales (como evidencia también su ubicación en los códigos civiles de derivación napoleónica), dirigidas a favorecer la formación por escrito de los contratos, como garantía de la certeza de las relaciones jurídicas negociales; opinión que, además, está ampliamente difundida en la doctrina." (*Verifobia:* Un diálogo sobre prueba y verdad).

Aliás, através da citada regra há um incentivo para a parte trazer elementos que conduzam uma valoração positiva a sua argumentação, mas, repita-se, é um conglomerado epistemológico.

O ponto fundante é que o julgamento, por si só, através de mecanismos de distribuição do ônus da prova, mesmo dentro da persuasão racional motivada, suscita um grande problema acerca da proteção das minorias, exemplificando situações de assédio sexual no ambiente de trabalho, como norte fundante da teoria.

3. A *autopoiesis* como mecanismo de proteção da teoria de provas

Diante da citada crise, assim como a ausência de proteção através da valoração sobre as regras clássicas de distribuição probatória, pelo contexto exposto, devemos avançar para a possibilidade da necessidade de reconhecimento da *Autopoiesis* na teoria probatória.

Indubitável que, além de todas as concepções de Direito, a que mais se aproxima de uma concordância teórica é de que este é linguagem. Toda base teórica e procedimental da ciência jurídica detém como base a linguagem, seja formal ou informal, salientando-se que, este último modelo, por mais que encontre óbice daqueles mais conservadores na estrutura jurídica, detém fundamental relevância no modelo de aplicação da norma.

Para que não haja omissão teórica, em contrapartida ao elemento acima disposto, sob uma percepção de Heidegger em sua obra (*Ser e Tempo*) — as coisas se apresentam com um sentido, salientando que permitem prescindir da linguagem, em uma digressão existencial do ser é.

Desta feita, independentemente do elemento a ser seguido, mesmo sob a concepção *heideggeriana*, há que se arguir um caminho de maior aproveitamento processual, assim como proteção daqueles em condição de vulnerabilidade.

Para tanto, deve-se trazer uma concepção de Michel Foucault ao elencar a comunicação luhmanniana, através da palavra *autopoiesis* que se refere a um sistema autopoiético, definido como rede de produção de componentes e estruturas. Como emissor da própria comunicação, opera, por isso mesmo, de forma autorreferencial. Implica autorganização: elementos produzidos no mesmo sistema. Decorre da auto-organização da natureza e da sua comunicação com o seu ambiente, como se fossem células do corpo autorregenerado ("Alternativas" à Prisão).

E Foucault continua sua digressão de reinvenção, quando afirma que a *autopoiese* foi utilizada no campo do direito pela teoria dos sistemas para resolver o fundamental problema de delimitar externamente o sistema, este normativo-ideológico, nos confrontos do seu ambiente, sem excluir a própria capacidade de introduzir ao seu interno mudanças que assegurem a sua sobrevivência. Em particular, a teoria dos sistemas considera o sistema jurídico apto a gerir as relações entre os próprios elementos com diversos níveis de complexidade do ambiente e da específica normatividade capaz de atingir níveis de generalizações superiores aos dos outros sistemas normativos.

Indubitável a necessidade de adoção, também, do conceito de "hiperciclo", denotando que os diversos componentes do sistema jurídico (procedimento jurídico, ato jurídico, norma jurídica, dogmática jurídica) operam de modo diferenciado, mas reciprocamente complementar. Somente a combinação desses componentes concorre para gerir solicitações provenientes do exterior do sistema.

As três fases funcionais dos sistemas autopoiéticos são seleção, variação e estabilização: a primeira é tipicamente caracterizada pelas estruturas administrativas; a segunda tem que ver com a variação da legislação; a terceira alude à estabilização dos procedimentos jurisprudenciais. Enfim, a fase da autorrepresentação das estruturas dogmático-conceituais pode ser atribuída à doutrina, que busca dar unidade e coerência à integralidade sistêmica. Em conjunto, esses componentes formam um "hiperciclo interno" que, graças à sinergia de todos os componentes que fazem parte do sistema jurídico, asseguram uma resposta adequada do direito *autopoiético* ao seu ambiente. ("Alternativas" à Prisão). Nesse sentido o quadro é ilustrativo:

Aqui é de fundamental relevância que sob a perspectiva proposta de uma análise valorativa da prova, deve-se levar em conta o modelo em si, sob a concepção macro dos três elementos chave introdutórios, ou seja:

a) a seleção (através da administração do judiciário), com o exemplo prático no Brasil, quando o Conselho Nacional de Justiça adota resolução indicativa em várias frentes, com o objeto da redução da desigualdade de gênero.[11]

b) Estabilização — através da jurisprudência, tanto nos sistemas da *common law* ou *civil law*, mesmo que adotem modelos diferentes de valoração da prova, mas com a correspondência de uma teoria similar, sujeitando-se, portanto, a que as decisões passem pela apreciação adequada da prova nos elementos convergentes da citada proteção necessária às minorias.

c) O elemento variação é o de maior dificuldade, porquanto esbarra em uma concepção conservadora humana, assim como uma disforme visão de autoproteção e reserva de domínio, está grave efetivamente, quando se trata de uma mudança que desfavoreça àqueles que dominam a narrativa, assim como dotado de privilégios de raça, gênero e orientação sexual, por exemplo.

Mesmo assim, indubitável que o clamor e os ventos de mudança gerarão, inclusive, uma necessária previsão legal, de cunho procedimental, com a finalidade de valoração diversa da apreciação pura e simples da regra clássica do ônus probante, sob o preceito de quem se desincumbiu ou não deste.

Avançando na proposta, sob o entendimento de Foucault, o modelo do direito *autopoiético* não tem somente uma base teórica. A mudança de perspectiva do referencial autopoiético tem consequências práticas e disso depende a possibilidade de defender a sobrevivência de todo sistema autopoiético que, igual ao jurídico, é dotado de capacidade de auto-observação e de autoconsciência.

Ou seja, no preceito que tratamos em tela é necessária uma readequação ou nova aplicação do modelo de distribuição do ônus probatório quando temos situações que envolvam minorias.

A ideia concebida por Foucault, aliás, traz um diagnóstico preciso sobre a resistência de aplicação da proposta, sob uma perspectiva de encontro/desencontro: "O sistema jurídico autopoiético, em suma, colabora para o

(11) Grupo de Trabalho instituído pela Portaria CNJ n. 27, de 2 de fevereiro de 2021. Ato Normativo 0001071-61.2023.2.00.0000 e Recomendação n. 128.

encontro de duas sensibilidades distintas: a sensibilidade dos operadores jurídicos, sempre mais desorientada sobre o plano decisional pelo inegável afastamento do real funcionamento do direito das próprias expectativas; e a sensibilidade dos sociólogos, que procura enquadrar numa visão mais ampla da realidade jurídica os problemas considerados insolúveis pela inadequação de um normativismo rigorosamente formal."

O referencial autopoiético constitui um modo de representar o direito a partir do próprio direito e, por conseguinte, mostra-se como um caso de autopoiese apto a influenciar a realidade que se propõe a respeitar, mas é de fundamental relevância o entendimento da necessária conexão de áreas humanas, porquanto o direito, por si só, não consegue trazer a resolução e dispor quais são as minorias, mesmo em uma perspectiva da igualdade material.

4. O ônus e a valoração da prova quando o processo envolva pessoas em condições de vulnerabilidade

Diante da interpretação sociológica e filosófica descrita, devemos conceber neste tópico a questão do ônus probatório e da valoração da prova, quando o processo envolver uma das partes como dentre aquelas pertencentes às minorias estruturais, ou seja, em condição de vulnerabilidade.

Por uma necessidade do objeto do trabalho, a concepção aqui aposta se dará no aspecto do processo do trabalho;

> Desta feita, há que se suscitar que no modelo brasileiro as regras da distribuição do ônus probatório são importadas do Código de Processo Civil, mas detém transcrição específica na Consolidação das Leis do Trabalho, especialmente após a reforma legislativa de novembro de 2017.(12)

---

(12) Art. 818. O ônus da prova incumbe: (Redação dada pela Lei n.13.467, de 2017)

I – ao reclamante, quanto ao fato constitutivo de seu direito; *(Incluído pela Lei n. 13.467, de 2017)*

II – ao reclamado, quanto à existência de fato impeditivo, modificativo ou extintivo do direito do reclamante. *(Incluído pela Lei n. 13.467, de 2017)*

§ 1º Nos casos previstos em lei ou diante de peculiaridades da causa relacionadas à impossibilidade ou à excessiva dificuldade de cumprir o encargo nos termos deste artigo ou à maior facilidade de obtenção da prova do fato contrário, poderá o juízo atribuir o ônus da prova de modo diverso, desde que o faça por decisão fundamentada, caso em que deverá dar à parte a oportunidade de se desincumbir do ônus que lhe foi atribuído. *(Incluído pela Lei n. 13.467, de 2017)*

§ 2º A decisão referida no § 1º deste artigo deverá ser proferida antes da abertura da instrução e,

Assim, adotou-se a regra da distribuição clássica, ou seja, ao proponente, a necessidade de comprovar o fato constitutivo do seu direito e ao demandado o fato impeditivo, modificativo ou extintivo do direito do autor.

Convém suscitar que no processo laboral o ônus não é estático, com a fluidez característica, especialmente durante a realização da audiência.

Suscita-se, ainda, a previsibilidade da dinâmica distribuição da prova, em casos específicos, diante da dificuldade de a parte cumprir o encargo e a maior facilidade da prova pela parte que não detinha o ônus originariamente, através de atribuição específica judicial.

A regra em testilha, diante da já citada discussão de prova e verdade, está vinculada diretamente com o princípio do *non liquet*, salientando que a correspondente distribuição do ônus probatório traz a possibilidade da resolução das demandas em larga escala, especialmente gerando a justificativa externa da sentença, sob uma ótica da teoria da argumentação jurídica (Robert Alexy), preceito adotado pelo Código de Processo Brasileiro.

Indubitável, também, que não podemos nos afastar da realidade, salientando que a afronta ao direito de minorias ocorre de maneira camuflada, dificultando sobremaneira uma prova testemunhal, por exemplo.

E aqui chegamos ao ponto fundante, qual seja, como conciliar as regras de distribuição da prova, assim como a sua posterior valoração, afastando-se do *non liquet*, mas ao mesmo tempo não gerando a sensação de incapacidade do judiciário de lidar com situações de afronta, no ambiente de trabalho, daquelas pessoas em condição de vulnerabilidades históricas.

Partirmos, buscando uma possibilidade de resposta e atenção especial a uma sensação mínima de justiça, através da possibilidade de aplicação direta do conceito da *autopoiesis*.

Nesse sentido, indubitável que a questão em si é uma escolha social e qualquer escolha potencialmente será passível de incorreções em casos específicos.

---

a requerimento da parte, implicará o adiamento da audiência e possibilitará provar os fatos por qualquer meio em direito admitido. *(Incluído pela Lei n. 13.467, de 2017)*

§ 3º A decisão referida no § 1º deste artigo não pode gerar situação em que a desincumbência do encargo pela parte seja impossível ou excessivamente difícil.

Como exemplo, em um caso de assédio sexual no ambiente de trabalho ao se dar um peso maior ou menor para a palavra da vítima, vislumbrar-se-á uma diferença grande na valoração probatória e, consequentemente, a majoração ou não das condenações.

Subsistem elementos empíricos para crer que a chance de uma mulher não denunciar o assédio é muito maior do que o fazer de forma não verdadeira, imputando fato falso, salientando-se que a desconfiança da palavra da vítima, por si só, demonstra-se verifóbico.

A autopoiesis sugere que, passemos nas três fases já mencionadas, através da identificação no exemplo em apreço.

Nesse sentido, o elemento de seleção se perfaz na necessidade de aprimoramento da administração do judiciário, ou seja, este poder de estabilização deve ser o canal ativo de mudança na configuração e entendimentos acerca da possibilidade de melhor interpretação das situações sem um arcabouço estritamente conservador probatório, ou seja, que o depoimento pessoal não sirva única e exclusivamente como possibilidade de prejuízo próprio, através da confissão, mas sim que seja elemento ativo de se coadunar com a possibilidade de fundamentar e justificar externamente a sentença, em consonância com outros elementos.

Já a fase da estabilização, a qual se dá por meio da jurisprudência, demanda uma readequação de um estabelecimento de maior probabilidade de verdade, sem olvidar o critério de Taruffo, como elemento de uma análise racional da prova, através da (TARUFFO, 2014): *"1 – la veracidad de la determinación de los hechos es una condición necesaria (per – obviamente – no suficiente) para la justicia de la decisión; 2 – Procedimiento justo; 3 – Correcta interpretación y aplicación de la norma que regula el caso"*.

Assim, a concepção da jurisprudência se torna fundamental para a estabilização de readequação da valoração, sob uma perspectiva de responsabilidade pelo outro (LÉVINAS) em casos de violação de direitos das minorias no ambiente laboral.

A proposta é que a *ratio decidendi* traga de forma fragmentada o conjunto de indícios suficientes para a maior probabilidade de verdade, especialmente reduzindo o *standard* do fato constitutivo em si, mas com a adoção de indícios como elementos suficientes para a concessão da tutela jurisdicional.

Por fim, quanto ao elemento variação, há que se suscitar, brevemente algumas legislações que já trazem o tema sob uma perspectiva protetiva de pessoas em condição de vulnerabilidades.

A França detém por prática dar ao réu o ônus de se desincumbir da alegação do assédio, desde que o autor apresente no processo fatos que possam gerar a presunção do correspondente assédio.[13]

O Código de Trabalho Português (art. 29, combinado com o art. 25º, 5) também não se omite quanto à não aplicação da simples regra clássica, suscitando-se a inversão do ônus da prova, sopesando sobre a posição jurídico-processual do empregador, quando o alegado assédio configura típica conduta discriminatória.

Nesse mesmo sentido, convém trazer à tona a jurisprudência, especificamente o Acórdão da Relação do Porto 3819/08, julgado em 02.02.2009:

> "(...) a União Europeia firmou acordo entre os países-membros, aprovando a inversão do ônus da prova na hipótese de assédio sexual."

Na mesma direção trilhou o legislador francês, na lei que coíbe o assédio moral no trabalho. "Admite-se a inversão do ônus da prova, revertendo para o agressor o encargo de provar a inexistência do assédio, na medida em que o autor da ação já tenha apresentado elementos suficientes para permitir a presunção de veracidade dos fatos narrados na petição inicial." (Terror Psicológico no Trabalho).

Indicam-se, assim, elementos suficientes fortes para a possibilidade de uma proteção adequada àqueles em condição de vulnerabilidade, com uma readequação da interpretação da própria regra clássica de distribuição do ônus probatório.

---

(13) "l'article L 122-52 du code du travail prévoit que le salarié établisse les faits qui permettent de présumer de l'existence d'un harcèlement.

Cela est conforme à nos procédures civiles et pénales – le supposé harceleur bénéficiant de la présomption d'innocence. Le salarié demandeur devra établir la matérialité des éléments de faits précis et concordants qu'il présente au soutien de ses allégations.

Au vu de ces éléments, il incombe au défendeur de prouver que ses actes sont justifiés par des motifs étrangers à tout harcèlement. Le juge formera alors sa conviction."

5. Conclusão

Registra-se que, diante do contexto apresentado, pela já mencionada *autopoiesis*, há a possibilidade de adoção da teoria clássica de distribuição do ônus probatório, mas com uma reconfiguração da sua valoração e do *standard* possibilitador de uma maior incidência de condenação contra aqueles que atacam os direitos das minorias no ambiente de trabalho.

Assim, torna-se viável a correção dentro do próprio direito, salientando-se que a valoração da prova pode sim ser objeto de verdade, independentemente da necessidade de se aferir meramente se houve desincumbência direta ou não do ônus probante.

Nesse cenário, a proposta é disposta por Foucault com seus três elementos indutores de correção do próprio direito, ou seja, através da tríade seleção, estabilização e variação.

A prova não é um elemento em si mesmo, há uma finalidade, sem dúvida existencial, a qual não pode simplesmente punir aquele que detenha maior dificuldade de trazer o fato consubstanciado em um arcabouço recheado de elementos, quando se dê distante dos olhos de todos, com poucos vestígios.

A pós-verdade, também, não pode ser óbice na necessária readequação, diante dos elementos de correção já postos no próprio sistema, salientando que o desafio do judiciário é, também, enfrentar a pós-verdade, que se alimenta da desconstrução da verdade.

Nesse elemento, o cuidado é para que não haja uma confusão inadequada entre prova e verdade, mas sim o foco ao se propor uma readequação da valoração probatória, com um olhar de responsabilidade sobre o outro, um termo mais existencial, mas de cunho humanístico, sem dúvida determinará o quanto tornará possível a real estabilização social, assim como uma adequada proteção para os que estejam em condição de vulnerabilidade, especialmente dentro do ambiente de trabalho e, posteriormente, no andamento processual.

Portanto, é hora da verdadeira *autopoiesis* na teoria probatório, como escolha social, destinatário de um real compromisso do poder judiciário, sob o manto da responsabilidade existencial efetiva.

6. Referências

AGUIAR, Caroline; TUNES, Gabriela; VITÓRIA, Vanessa. Brasil teve mais de 250 casos de assédio sexual no trabalho por mês em 2021. *SBT News*, São Paulo, 10 abr. 2022. Disponível em: https://www.sbtnews.com.br/noticia/justica/204188-brasil-teve-mais-de-250-casos-de-assedio-sexual-no-trabalho-por-mes-em-2021. Acesso em: 04 jun. 2023.

ALEXY, Roberty. *Teoria da Argumentação Jurídica*. 4. ed. Rio de Janeiro: Forense, 2017.

BOURGAULT, Julie. Le harcèlement moral en France: un concept juridique subjectif-objectif? Regards croisés sur les politiques publiques visant à contrer la violence au travail. In: *Santé, société et solidarité*. Québéc: Observatoire franco-québécois de la santé et de la solidarité, 2006. n. 2. p. 113.

CARNELUTTI, Francesco. *A Prova Civil*. São Paulo: Editora Pillares, 2016.

FERRER BELTRÁN, Jordi. *Prueba y verdad en el derecho*. Madrid: Marcial Pons, 2005.

FOUCAULT, Michel. *"Alternativas" à Prisão*. Petrópolis: Vozes, 2022.

GUEDES, Marcia Novaes. *Terror Psicológico no Trabalho*. 3. ed. São Paulo: LTr, 2008.

HEIDEGGER, Martin. *Ser e Tempo*. Petrópolis: Vozes, 2015.

LÉVY, Pierre. *Cibercultura*. 3. ed. Tradução: Carlos Irineu da Costa. São Paulo: Editora 34, 2010.

LÉVINAS, Emmanuel. *Totalidade e Infinito*. 1. ed. Coimbra: Editora Almedina – Edições 70, 2008.

NIETZSCHE, Friedrich. *Genealogia da Moral*. São Paulo: Martin Claret, 2017.

RABELAIS, François. *Gargantua e Pantagruel*. São Paulo: Editora 34, 2021.

TARUFFO, Michele. *A Prova*. Rio de Janeiro: Marcial Pons, 2014.

IDEM. *Verifobia:* Un diálogo sobre prueba y verdad. Madrid: Editores, 2017.

TOMAZELLI, Idiana. Dois terços dos processos por assédio sexual na administração pública federal terminam sem punição. *Folha de S.Paulo*, São Paulo, 04 jun. 2023. Disponível em: https://www1.folha.uol.com.br/mercado/2022/07/dois-tercos-dos-processos-por-assedio-sexual-na-administracao-federal-terminam-sem-punicao.shtml. Acesso em: 04 jun. 2023.

Inteligência Artificial, o Trabalho e a História

1. Introdução

O tema do momento na perspectiva das relações de trabalho é a inteligência artificial e suas repercussões diretas e indiretas nas relações humanas, assim como no aspecto valorativo de existência do ser e de sua utilidade, exteriorizada pelo tempo e pelo trabalho, este último norteador ético da sociedade desde a primeira revolução industrial.

Com as revoluções 4.0, atenção ao termo, porquanto utilizamos o plural aqui como mecanismo acadêmico de indicação de que o digital detém o poder de gerar uma série de revoluções sociais, que condicionam o rumo das relações humanas e, indubitavelmente, das relações de trabalho.

A pós-modernidade trouxe mais um elemento de necessidade de aceleração da mecanização e instrumentalização das relações de trabalho, suscitando-se que a inteligência artificial é a grande ideia base nesse espectro.

Fala-se em automação de veículos, substituição do trabalho humano pela IA, várias frentes as quais trariam as revoluções nas relações de trabalho como conhecemos e criamos toda a fundação das relações humanas, especialmente sob uma nova mirada do que é o fato, valor e o trabalho dentro da cultura capitalista.

Já tivemos a oportunidade, por algumas vezes em outros trabalhos, de trazer a linguagem como elemento chave de indicação das relações laborais, sob a ideia estruturalista e pós-estruturalista, uma vez que estão no mesmo espaço temporal da pós-modernidade, mas quando tratamos de linguagem no aspecto da inteligência artificial devemos ter a cautela para se demonstrar a fase e qual momento estamos do desenvolvimento de sua linguagem específica de funcionamento.

É mister ressaltar que a inteligência artificial gera uma revolução na ordem sobreposta, especialmente na concepção binária de funcionamento das máquinas, inclusive modelo de linguagem humana já adotada desde os Sumérios (caráter de binômio).

Sendo assim, sob uma perspectiva da ideia da linguagem, preconizada na evolução de redes neurais computacionais, como meios de evolução da Inteligência Artificial, citando-se até a utilização da quântica como potência de redução de margem de erro, devemos entender qual será o efeito prático nas relações laborais.

Não nos olvidemos que é direito social básico humano o acesso ao trabalho e a plenitude de seu desenvolvimento.

Assim, as questões fundantes aqui exploradas são:

A linguagem da Inteligência Artificial é só geradora de redução da capacidade de trabalho? Há alguma perspectiva de majoração da ideia de trabalho humano, sob o preceito da inteligência artificial? Como seria possível lidar com a crise decorrente da redução dos empregos por si só, sob uma premissa do bem coletivo e a ideia do trabalho, como valor humanitário básico? Como a história não linear pode ser a chave da solução dos citados conflitos?

Os recursos utilizados se darão por meio de mecanismos de interconexão da literatura de ficção cientifica com os aspectos sociológicos, filosóficos, antropológicos e práticos da Inteligência Artificial e sua linguagem.

Respeitar-se-á o objeto estrito de estudo, sob uma concepção dialética hegeliana, adequada, inclusive, à ótica não mais binária de necessidade de interpretação da ciência atrelada à inteligência artificial.

O objetivo é reflexivo, diante da capacidade modificativa da Inteligência Artificial e dos mecanismos de capacitação da linguagem, assim a proposta é gerar ideias para o debate acerca dos rumos das relações permeadas pelo trabalho humano ou não humano.

2. Asimov, a psico-história e a Inteligência Artificial

Fundação é uma obra distópica de Asimov, composta, originariamente, por 3 volumes, fruto de um compêndio de publicações na década de 50 do século passado.

A construção da obra apresenta uma população estimada em quintilhões, a qual detém o centro do poder em um império galáctico.

A premissa chave é uma profecia do personagem Hari Seldon, o qual desenvolve um método de análise das massas, através da psico-história, processo esse de origem matemática, combinado com uma análise comportamental psicossomática e sociológica com a possibilidade de orientar o futuro.

Tal circunstância, especialmente pelo período temporal, está atrelada à evolução da psicanálise, especialmente com elementos da obra de Lacan, diante do período histórico (década de 50 do século passado) de construção profunda desse autor.

O "método Seldon" gerou a possibilidade de, mesmo no aparente período áureo do Império, prever a possibilidade da sua queda e a existência de 30 mil anos seguintes de barbárie.

Com a psico-história e a citada previsão, possibilitou-se a redução do tempo de barbárie para apenas mil anos, ou seja, buscou-se a redução dos danos.

Desperta muita curiosidade um tema ainda não involucrado entre a pisco-história de Asimov e a Inteligência Artificial, suscitando-se o consenso do quanto a ficção científica proporciona elementos imaginativos do futuro, muitas vezes sob o cuidado preventivo, com temas apocalípticos.

Atendo-me à proposta da ideia da psico-história e dos movimentos atrelados a ela, temos que falar um pouco sobre o caminho disposto na obra de Asimov, especialmente como o sistema, aparentemente próximo da perfeição, criado a partir de mecanismos de interseccionalidade do personagem Seldon, restou abalado pela existência de um sujeito chamado Mulo, com essa nomenclatura exatamente por características que geravam a sua quebra dos organogramas do plano.

Mulo é um ser que não possui beleza física, ou seja, há nítida concepção da "beleza bela" (PLATÃO, 2017)[(1)] em que o personagem é construído, também, sob o preceito da impossibilidade reprodutiva, especificamente como

(1) PLATÃO. *O banquete*. São Paulo: Grupo Editorial Edipro, 2017.

o animal, ao mesmo tempo possui um grande poder de desestabilização mental, suscitando-se o grande tema de Asimov em uma dessas camadas do livro. O personagem teria a capacidade, através da sua opacidade, de desestabilizar toda resistência à barbárie representada pela "Fundação".

Parece-nos que Asimov estava encantado com a ideia-chave da psicanálise, salientando-se a formação do personagem Mulo, o mais forte elemento de desequilíbrio das ideias da psico-história sob o conceito de Freud na concepção sexual intrínseca ao inconsciente, e de Lacan, na teoria da comunicação e sua possível dominação.

Encontramos muitas similaridades entre a ideia central da psico-história e a concepção da Inteligência Artificial, como dito, questão pouco explorada na literatura, suscitando-se que, novamente, a ficção trouxe a antecipação da realidade, através da arte.

3. Inteligência Artificial e o trabalho

Discute-se muito nos dias atuais a inteligência artificial sob a perspectiva dos empregos que gerará, em uma menor escala, assim como os que deixarão de existir, em função da substituição do exercício da atividade humana por ela, uma vez que haveria menos custos, riscos entre outros elementos geradores da substituição.

Nesse sentido, estudos apontam que 80% das profissões poderão sair do mercado nos próximos cinco anos em virtude da agilidade da Inteligência Artificial para algumas funções e algumas entregas que a gente precisa no ambiente de trabalho(2).

Tudo aquilo que não vai precisar do envolvimento, do sentimento, da condução do ser humano está sendo avaliado. Tudo aquilo que não depende da inteligência emocional corre risco.

Relevante sempre pensar acerca de quais atividades dependem da condução do ser humano e do que tratamos como inteligência emocional.

---

(2) ARAÚJO, Joana. Mercado de trabalho já sente mudanças com ampliação da inteligência artificial. *Rádio Senado*, 2023. Disponível em: https://www12.senado.leg.br/radio/1/noticia/2023/11/10/mercado-de-trabalho-ja-sente-mudancas-com-ampliacao-da-inteligencia-artificial. Acesso em: 14 fev. 2024.

Neste plano, com a diversidade cultural, em uma perspectiva etnográfica, sem dúvida há um padrão distinto em cada país acerca das necessidades de atividades dependentes da inteligência emocional e, especialmente, o padrão esperado dela.

A questão de discussão, nos dias atuais, se dá no campo material, ou seja, a mera substituição da força de trabalho, suscitando-se que o valor do trabalho tem passado *a latere*, assim como outro ponto que traremos à tona, qual seja, a futura empatia do concorrente do trabalho oriundo da Inteligência Artificial, sob a perspectiva da subjetividade humana.

Exemplificando, sob a premissa apenas material da possibilidade de substituição das atividades, trazendo para o campo do cinema, citamos o "Midjourney", ferramenta que permite gerar imagens através de comandos de texto, conhecido como *prompt*.

Assim, quando se pensar em criar um filme, necessariamente terá de ter no corpo das contratações um engenheiro de *prompt*, especialista em descrever para a inteligência artificial a cena ou a instrução para que aquele texto seja gerado, por exemplo, num *ChatGPT*.

O debate acerca da possibilidade de remodelagem das atividades, recolocação profissional, assim como perspectivas novas das relações de trabalho vêm sendo aprofundado nas mais variadas frentes, percebendo-se o caráter disruptivo por uma parte dos doutrinadores e construtivo por outra parte.

Como se vê, as questões que se colocam são múltiplas e de grande complexidade. Segundo Amado (2021)[(3)], o algoritmo, por exemplo, começa a ocupar um lugar crescente nos vários domínios da relação de trabalho (na fase da seleção dos trabalhadores a contratar, na distribuição de tarefas e na monitorização e avaliação da prestação realizada pelos trabalhadores, na seleção dos trabalhadores a despedir etc.).

O doutrinador ainda salienta:

> "Consequências inevitáveis deste diagnóstico: desemprego tecnológico estrutural (e não apenas friccional) em massa a curto/

(3) AMADO, João Leal. Inteligência artificial, plataformas digitais e robotização. *Revista do Tribunal Regional do Trabalho da 3ª Região*: Belo Horizonte, v. 67, n. 104, p. 239-265, jul/dez. 2021.

> médio prazo, profunda desigualdade social e quebra na procura de bens e serviços, à medida em que os consumidores, privados de trabalho e de rendimento, forem perdendo o poder de compra necessário para alimentar o crescimento econômico" (AMADO, 2021, p. 259).

A reflexão continua:

> "Pergunta-se: será diferente desta vez? Com a quarta revolução industrial, a indústria 4.0, a digitalização, a robótica, o algoritmo, a inteligência artificial... Vamos, agora sim, caminhar decisivamente para uma sociedade marcada pelo declínio do trabalho humano, pelo gradual desaparecimento do emprego, tal como o conhecemos? As previsões que vão surgindo, além de serem falíveis, revelam-se muito oscilantes quanto ao 'desemprego tecnológico' nos próximos 10-20 anos: de 47% a 9% dos empregos a serem eliminados, há previsões para quase todos os gostos...
>
> Em todo o caso, a tendência, cremos, é mesmo esta, de forma gradual, mas em ritmo cada vez mais acelerado: o fantástico e imparável progresso da robótica traz consigo o inevitável declínio do trabalho humano; a automação e os robôs (máxime os chamados 'robôs colaborativos') irão tornando dispensável e irão substituindo, em medida crescente, o trabalho humano. Os exemplos vão surgindo e vão-se multiplicando: da condução automatizada, da hotelaria (o caso do Henn-na Hotel, em Sasebo, no Japão), de quase todas as tarefas rotineiras e repetitivas (a indústria da '*fast-food*'), mas também de tarefas intelectualmente complexas e criativas (professores, advogados, etc.)" (*Ibidem*, p. 260).

Mesmo diante dessa introdução, o doutrinador detém uma postura otimista, sob a lógica de que com a redução das atividades existentes, a questão é que a reorientação ética será suficientemente rápida para que as pessoas possam desfrutar do lazer, do ócio, retomando a perspectiva criativa Aristotélica.

De forma contrária, citamos a doutrina de Feliciano e Silva (2022)[(4)], que trouxe o contraponto às reflexões de Amado, afirmando que a massa de desempregos gerados pela Revolução 4.0 será indutora de aprofundamento insanável das desigualdades sociais e inexistirá a possibilidade do gozo de atividades de lazer.

Ainda, há que se trazer a doutrina de Harari (2016)[(5)]:

> "(...) a Quarta Revolução Industrial revela um novo modelo empresarial que procura agregar todas as tecnologias atualmente disponíveis para gerar acúmulo e difusão do conhecimento e um aumento exponencial da produtividade, provocando uma substituição em larga escala do trabalho humano pelo uso intensivo das máquinas inteligentes. Ocorre que no passado "as máquinas assumiram trabalhos puramente manuais, ao passo que os humanos se concentravam naqueles que requeriam algumas aptidões cognitivas. O que vai acontecer quando algoritmos nos suplantarem nas ações de lembrar, analisar, e reconhecer padrões?" (HARARI, 2016, p. 322).

Fato é que existirá um nítido conflito e passaremos pela necessidade do caráter de reorientação da sociedade, porquanto desde a primeira revolução industrial, como já dito, está calcada na necessidade do trabalho como valor social e perspectiva ética de sobrevivência.

Nesse sentido, não se pode perder a perspectiva de que no ordenamento jurídico atual o direito ao trabalho é fundamental.

Indubitável que, diante dessa reorientação ético-social, gerar-se-á um conflito entre o ser humano e a inteligência artificial, muitas vezes, materializado por robôs. Estaríamos diante da possibilidade de um novo *ludismo* ou, eventualmente, um *cartismo*.

---

(4) FELICIANO, Guilherme Guimarães; SILVA, José Antônio Ribeiro de Oliveira. A inteligência artificial e o direito do trabalho: lampejos utópicos para um futuro distópico. *Revista do Tribunal Superior do Trabalho*, São Paulo, v. 88, n. 1, p. 25-52, jan./mar. 2022. Disponível em: https://hdl.handle.net/20.500.12178/203676. Acesso em: 12 fev. 2024.

(5) HARARI, Yuval Noah. *Homo Deus:* uma breve história do amanhã. São Paulo: Companhia das Letras, 2016. p. 322.

Nessa senda, um interessante filme de 2023 — *The Creator* (lançado como Resistência no Brasil), longa-metragem estadunidense de ficção científica e ação dirigido por Gareth Edwards a partir de um roteiro que ele coescreveu com Chris Weitz, desenvolve como premissa principal uma guerra estabelecida entre a humanidade e a inteligência artificial.

O ponto é que com o desenrolar da trama, desenvolvem-se relações de grande profundidade emocional entre humanos e robôs humanizados, com as mesmas características corporais, inclusive, percebendo-se que a trama avança para uma perspectiva empática, a qual se estabelece no plano da perspectiva do outro.

É fundante essa discussão, ou seja, após o conflito inicial com inteligência artificial, por ser uma competidora da pessoa humana no mercado de trabalho, o passo seguinte tende a ser a assimilação da IA na sociedade, partindo-se para a coexistência, pressupondo-se, em regra, desenvolvimento de empatia e percepção da subjetividade do outro (LÉVINAS, 2008)[(6)].

Desta maneira, o preceito-chave será de quando passarmos a desenvolver a perspectiva do outro materializado ou não pela IA, assim como fazemos hoje com os seres humanos.

E a reflexão é: a dificuldade de compatibilizar atividades laborais para aproximadamente oito bilhões de pessoas, em conjunto com um número infindável de "seres" dotados de IA, assim como qual campo, diante do desafio, poderíamos tratar de uma separação racional dos seres que estarão na mesma perspectiva subjetiva, em função da evolução constante da inteligência artificial, caminhando para o exercício de exteriorizar sensações humanas.

4. Inteligência Artificial e aprendizagem

4.1. Relação IA e ser humano

O estabelecimento das relações entre seres humanos e humanoides, robôs ou inteligência artificial é a grande interrogação acerca das relações de trabalho e os ambientes que serão compartilhados (materiais ou imateriais).

(6) LÉVINAS, Emmanuel. *Totalidade e Infinito*. 3. ed. Coimbra: Editora Almedina – Edições 70, 2008.

A questão é tratada na literatura desde Frankenstein de Mary Shelley, mas o que parecia ficção já está se consolidando na sociedade, porquanto as relações no campo da subjetividade já estão estabelecidas.

Nesse sentido, constata-se o aplicativo Replika, baseado em inteligência artificial, o qual possibilita conversas com um personagem virtual(7). No Brasil, 1,5 milhão de pessoas já o utilizam(8).

Outro caso ilustrativo ocorreu na Espanha quando uma artista performática espanhola se tornará a primeira mulher do mundo a se casar com um holograma gerado por inteligência artificial (IA)(9).

Alicia Framis pretende oficializar a união com o parceiro holográfico Alex em uma cerimônia no terraço do Museu Depot Boijmans Van Beuningen, em Roterdã, na Holanda, no segundo semestre deste ano. A notícia diz, ainda, que a relação entre a mulher e o holograma começou no final de 2023 e faz parte de um projeto que quer experimentar os limites do amor e da intimidade.

4.2. Conexões, redes de linguagem e a aprendizagem da IA

Nesse contexto, gostaríamos de ressaltar que todas as projeções, assim como a realidade em alguns campos, já demonstram a possibilidade de a inteligência artificial desenvolver raciocínios complexos, inclusive com um sistema de redes neurais de aprendizagem, a qual cada vez mais independe da programação ou alimentação humana, reduzindo o risco, a médio prazo, de termos uma potencialidade discriminatória exercida pela própria IA.

---

(7) CBN COMUNICAÇÃO E LIDERANÇA. Amizade com inteligências artificiais já é realidade, mas é preciso tomar cuidado. *CBN Globo Rádio*, 2024. Disponível em: https://cbn.globoradio.globo.com/media/audio/337229/amizade-com-inteligencias-artificiais-ja-e-realida.htm. Acesso em: 02 mar. 2024.

(8) YONESHIGUE, Bernardo. IA: cresce o número de jovens que namoram e conversam com a tecnologia; psicólogos avaliam a nova tendência. *O Globo*, 2024. Disponível em: https://oglobo.globo.com/saude/bem-estar/noticia/2023/09/14/ia-cresce-o-numero-de-jovens-que-namoram-e-conversam-com-a-tecnologia-psicologos-avaliam-a-nova-tendencia.ghtml. Acesso em: 02 mar. 2024.

(9) OLIVEIRA, Ingrid. Casamento dos sonhos? Mulher encontra o amor perfeito em um holograma. *Portal Terra*, 2024. Disponível em: https://www.terra.com.br/byte/casamento-dos-sonhos-mulher-encontra-o-amor-perfeito-em-um-holograma,96dce4a3f9d241065b31d239608afdcfcjj3lgvq.html. Acesso em: 02 mar. 2024.

Assim, com a redução do risco de a IA ser discriminatória nas atividades, como infelizmente ocorre hoje, diante da alimentação humana da base de dados, passa-se ao segundo momento de discussão, qual seja, quando a inteligência artificial se tornará nosso colega de trabalho, desenvolvendo-se a possibilidade da amizade entre seres humanos e inteligências artificiais, assim como a sua possível humanização no ambiente laboral.

Assim, tratando da mescla de futurismo e subjetividade, em uma perspectiva da pisque, nota-se o conceito de aprendizado profundo, com a construção de camadas nos sistemas da inteligência artificial.

Nesse sentido, convém transcrever os ensinamentos de Lee e Giufan (2022)[(10)] acerca do tema técnico:

> "Inspirado pelas redes entremeadas de neurônios no nosso cérebro, o aprendizado profundo constrói camadas de software feitas de redes neurais artificiais com camadas para entrada e saída. Os dados são inseridos na camada de entrada da rede, e um resultado emerge na camada de saída da rede. Entre as camadas de entrada e saída pode haver milhares de outras camadas, daí o nome aprendizado 'profundo'" (LEE e GIUFAN, 2022, p. 47).

> "O nível de profundidade e de necessidade de desenvolvimento da Inteligência Artificial, inclusive, já percebeu que o aprendizado profundo funciona melhor sem regras humanas externas. Em vez de ser direcionada por humanos, muitos exemplos de um determinado fenômeno são fornecidos à camada de entrada de um sistema de aprendizado profundo, junto à 'resposta correta' na camada de saída. Dessa forma, a rede entre a entrada e a saída pode ser 'treinada' para maximizar a chance de dar uma resposta certa para determinada entrada" (*Ibidem*, p. 47).

> "Durante esse processo, a rede de aprendizado profundo é treinada matematicamente para maximizar o valor de uma 'função objetiva'. Nesse caso do reconhecimento de gatos, a função objetiva é a probabilidade de reconhecer corretamente um 'gato'

---

(10) LEE, Kai-Fu; GIUFAN, Chen. *2041:* como a inteligência artificial vai mudar sua vida nas próximas décadas. Tradução: Isadora Sinay. 1. ed. Rio de Janeiro: Globo Livros, 2022.

> *versus* 'sem gato'. Uma vez 'treinada', essa rede de aprendizado profundo é essencialmente uma equação matemática gigantesca que pode ser testada com imagens que ela ainda não viu, e, por 'inferência', ela determinará a presença ou a ausência de gatos" (*Ibidem*, p. 49).

> "Por mais poderoso que seja, o aprendizado profundo não é uma panaceia. Embora os humanos não tenham a capacidade de a IA de analisar uma enorme quantidade de dados ao mesmo tempo, as pessoas têm uma habilidade única de utilizar experiência, conceitos abstratos e senso comum para tomar decisões. Em contraste, para que o aprendizado profundo funcione bem, os seguintes aspectos são necessários: enormes quantidades de dados relevantes, um domínio estreito e uma função objetiva concreta a ser otimizada. Se você não tiver uma dessas coisas, tudo pode dar errado" (*Ibidem*, p. 52).

Há muitos riscos envolvidos, suscitando-se que a Inteligência Artificial pode conhecer a nós melhor do que nós mesmos. Isso gera uma alteração estrutural na forma da mediação e entendimento da subjetividade em todas as relações humanas.

Outro risco presente se constataria por meio de uma afirmação do que os olhos alcançam ver está longe da possibilidade de realidade daquela imagem. Assim, novamente nos valemos das lições de Lee e Giufan (2022)[(11)]:

> "Os *deepfakes* são feitos com uma tecnologia chamada de redes adversárias generativas (gans). Como o nome sugere, uma gan é um par de redes neurais de aprendizado profundo 'adversárias'. A primeira rede, a rede forjadora, tenta gerar algo que pareça real, como a foto sintetizada de um cachorro, com base em milhões de fotos de cachorros. A outra rede, a rede detectora, compara a imagem de cachorro sintetizada da rede forjadora com fotos genuínas de cachorros e determina se o resultado da forjadora é real ou falso" (*Ibidem*, p. 96).

(11) *Ibidem*, p. 96.

Avançando nessa mescla de reconfiguração da psique, deve-se mencionar o *chat-gpt*, o qual faz parte de uma família de algoritmos chamados Large Language Models, que utiliza técnicas de redes neurais artificiais para extrair padrões de um grande volume de textos. Mais especificamente, as LLMs aprendem a prever as relações entre dados sequenciais, sendo treinadas para prever as diferentes probabilidades com que palavras aparecem em diferentes contextos discursivos.(12)

Assim, o treino, as LLMs guardam um "modelo" matemático da linguagem, representando todas essas relações em termos de vetoriais multidimensionais. A estrutura vetorial do modelo tem a ver com a arquitetura básica de redes neurais e com a busca por representações computacionais eficazes para esse problema. O importante é a descoberta de que relações entre palavras/partes da linguagem pode ser representada em uma espécie de "espaço" onde as distâncias e orientações guardam informação sobre semântica, sintaxe etc.

Um exemplo simples, mas bem ilustrativo: aqui dá para ver que as relações entre "homem-mulher" e "rei-rainha" são paralelas e com mesma distância. Ou seja, esse modelo conseguiu extrair que as relações entre essas palavras são parecidas(13):

Notório que temos um incidente de uma hipótese de linguagem cunhada em relação opositiva, onde a língua, diferente da fala, é um sistema em que todos os termos são solidários e o valor de um resulta tão somente da presença simultânea de outros, identificando o caráter estruturalista da linguagem.

Sabe-se que, no início do século XX, alguns linguistas já apresentavam uma distinção entre os termos "linguagem", "língua" e "fala". Contudo, a diferenciação entre esses termos, do modo como é concebida por Saussure, permitiu que se obtivesse a língua como um objeto "ao mesmo tempo integral e concreto"; objeto este que, dentre todas as dualidades da linguística, se

---

(12) DATA SCIENCE ACADEMY. O que são large language models (LLMS)?. *Data Science Academy*, 2023. Disponível em: https://blog.dsacademy.com.br/o-que-sao-large-language-models-llms/. Acesso em: 14 fev. 2024.

(13) MULHER, João. Lacan foi confirmado pelo chat-gpt?. [s.l.], 24 fev. 2024. *Twitter:* @joaomulher_. Disponível em: https://twitter.com/joaomulher_/status/1761489063440159092. Acesso em: 08 mar. 2024.

mostra como o único "suscetível de uma definição autônoma e fornece um ponto de vista satisfatório para o espírito" (SAUSSURE, 2006).[(14)]

Exemplificando esse método de aprendizagem e de desenvolvimento da linguagem, nesta perspectiva atual, e não futurista, como parece ser, trazemos o sistema gpt-3, quanto aos seus mecanismos de estímulo e máximo aproveitamento (LEE e GIUFAN, 2022)[(15)]:

> "O gpt-3 sabe que uma pergunta geralmente estimula uma resposta. Por exemplo, se você disser ao gpt-3: 'Um fogão é mais pesado que um gato. Um oceano é mais pesado que uma partícula de pó. O que é mais pesado: uma torradeira ou um lápis?', o gpt-3 vai responder corretamente "uma torradeira". As primeiras duas frases ajudam o gpt-3 a focar o significado específico de 'mais pesado', enquanto a última frase é a dica de que uma pergunta está sendo feita. Se você colocasse só a última frase, o gpt-3 ainda poderia respondê-la, mas com uma probabilidade maior de erro" (*Ibidem*, p. 160).

Indubitável que, diante da evolução dos métodos de aprendizagem aqui dispostos, chegaremos ao ponto máximo de ausência de capacidade de identificação do ser, quando humano ou não. Nesse sentido, precisamos de algum elemento de identificação que traga a necessária distinção, assim como a preservação do elemento trabalho como elemento ético e direito fundamental.

Para tanto, cremos que o ponto de identificação estará vinculado à percepção temporal.

5. O tempo como elemento de distinção e coexistência entre o humano e a IA, sob a perspectiva do trabalho

Diante de tal cenário complexo, buscando-se entender o momento no qual haverá uma pacificação, surge outro ponto, qual seja, a perspectiva do tempo.

---

(14) SAUSSURE, Ferdinand de. *Curso de Linguística Geral* [1916]. Tradução de Antonio Chelini, José Paulo Paes, Izidoro Blikstein. 27 ed. São Paulo: Cultrix, 2006. p. 15-17.

(15) *Ibidem*, p. 160.

Poderíamos afirmar que há a identificação de nova empreitada iluminista, visto que a capacidade de organização do Estado — emulando as críticas ao absolutismo no período de reforma e contrarreforma — está cada vez mais enfraquecida atualmente com a transnacionalidade das *Big Techs*, as quais capacitam e geram a rápida evolução da Inteligência Artificial.

O novo questionamento, ante uma ideia de razão, é se o domínio da história passa do Estado para as grandes corporações. Por isso estaríamos diante de uma nova realidade estabelecida, com uma reflexão coletiva e individual, através de uma subsunção em escalas.

A gama individual enfrentaria na IA o conflito com a perspectiva do valor no trabalho, como elemento de desenvolvimento e progresso pessoal, assim como no aspecto coletivo sob a prerrogativa de possibilidade de manutenção da ordem social vigente, ou seja, amplificando, temos uma ruptura com a perspectiva ética do trabalho vigente desde a primeira revolução industrial.

Assim, sob o preceito filosófico, percebemos a capacidade dessa regência através da inteligência artificial como uma capacidade que retira do homem a possibilidade das metanarrativas, gerando o descontrole do clássico binômio da perspectiva de tempo, na teoria de Reinhart Koselleck (1923-2006), qual seja, o binômio experiência (individual) e expectativa (individual e coletivo).

Partindo dessa premisa (KOSELLECK *et al.*, 2021)[(16)]:

> "A relatividade do tempo no espectro de múltiplos tempos, como, depois de Leibniz, Herder pensou, adiantando-se a Einstein, e como Friedrich Cramer demonstrou, exige de cada âmbito de conhecimento e de cada experiência determinações próprias e novas das relações entre repetitividade e singularidade, cada vez diferentes, mesmo que possam ser analisadas por processos interdependentes" (KOSELLECK *et al.*, 2021, p. 63).

(16) KOSELLECK, Reinhart; GUMBRECHT, Hans Ulrich (Orgs.); RODRIGUES, Thamara de Oliveira (Org.). *Uma latente filosofia do tempo*. Tradução: Luiz Costa Lima. São Paulo: Editora Unesp, 2021.

> "*Hostorie* por *Geschinchte* (história como acontecimento e autonarração). Trata-se de um fenômeno no qual o antigo espaço da ação e do sofrimento humano capaz de orientar os homens é reorganizado por metanarrativas e pelas expectativas de novos destinos atrelados à história" (*Ibidem*, p. 19).

Estamos diante de uma nova perspectiva da História em si e para si, suscitando-se uma reconfiguração da concepção, visto que o ser pode ser eternizado "na e da" IA, porquanto pode ser construído, mantido, através de peças, chips etc., ainda pode pensar ou não no espaço-tempo com a perspectiva de finitude.

O *Dasein* de Heidegger está em outro patamar. Assim, a concepção clássica trazia a percepção de que (NUNES, 2002)[(17)]:

> "Mas o *Dasein* só retrovém (passado) advindo (futuro) a si; e porque retrovém ao advir, é que gera o presente. Aí temos o movimento extático — o fora de si em si e para si mesmo da existência — que se chama de temporalidade. Cada um desses componentes é um êxtase, fundando um membro da estrutura do cuidado: o advir ao poder-ser, o retrovir ao ser lançado, o apresentar ao estar junto aos entes. Nesse movimento tríplice, ocorre um desclausuramento da subjetividade" (NUNES, 2002, p. 16-23).

Ocorre que, após a interconexão metanarrativa entre a IA e o ser, temos de aderir a inexistência da história linear, ou seja, o *Dasein* não só retrovém ou virá do futuro a si, diante da inexistência do ser como objeto único de consciência. A consciência, como essência de Husserl, está diante de um novo precedente, visto que a questão fundamental é, com a perspectiva do tempo, não linear, assim como uma junção da experiência e da expectativa, não vinculando passado e futuro, circunstância que nos parece já presente na IA, devemos suscitar a necessidade de atuação conjunta entre o ser e a IA, sob essa nova perspectiva do ser.

(17) NUNES, Benedito. *Heidegger & Ser e Tempo* (PAP – Filosofia). 1 ed. Rio de Janeiro: Editora Zahar, 2002.

Veja-se, se a IA interagir na ideia *lacaniana* de assunção de memórias e criar laços afetivos, demonstrando a existência da subjetividade, vinculando-se ao ser humano, não artificial, teremos que acomodar todas as atividades, sugerindo-se como novo paradigma ético a divisão do trabalho entre IA e ser humano, com a redução das atividades e um limite temporal de exercício.

Assim, a ideia de Koselleck se mostra presente, quando dispõe: "São as estruturas de repetição, que sempre contêm mais ou, ao mesmo tempo, mesmo, que se mostram nos acontecimentos. (fl. 60 – *Uma Latente Filosofia do Tempo* — Reinhart koselleck Editora Unesp 2021. Organizadores: Hans Ulrich Gumbrecht e Thamara de Oliveira Rodrigues, taduzido por Luiz Costa Lima INSBN 978-65-5711-052-2).

O tempo será o mediador dessa composição e possibilidade de desenvolvimento de atividades, convivência e especialmente do trabalho, tudo no aspecto indissociável da história. A IA poderá participar da história, mas para uma pacificação somente poderá atuar como participante e não como criador metanarrativo. Assim (KOSELLECK *et al.*, 2021)[(18)]:

> "Imputar à história um curso inevitável nada mais é do que submetê-la e encaixá-la para que promova uma hipotética necessidade. A necessidade suposta engessa a história a um sentido, que põe o homem sob sua tutela. Nietzsche, ao invés, fomenta uma liberdade que a partir de cada situação, se possível, a partir de um *kairós*, evoca um novo começo. Portanto, as necessidades ou as chamadas circunstâncias determinantes se metamorfoseiam em determinações de limite, que tanto libertam como limitam a ação. Aqui, Nietzsche de certo modo se aproxima de Marx. Pois as condições de ação que nos encontramos são sempre condições que nós mesmos produzimos. Assim, junto à teologia, Nietzsche revoga a necessidade causal — e aqui implicitamente contra Marx — como uma sobre determinação histórica-filosófica do que sucedeu" (*Ibidem*, p. 100).

---

(18)NUNES, Benedito. *Heidegger & Ser e Tempo* (PAP – Filosofia). 1 ed. Rio de Janeiro: Editora Zahar, 2002. p. 100.

Esse determinismo sucessivo humano será fundamental para a possibilidade da coexistência e do exercício do trabalho, pois a Inteligência Artificial consegue contar a história substituindo a figura proposta por Nietzsche.

6. Conclusão

Através de elementos da psico-história de Asimov, introduzimos a perspectiva da existência da inteligência artificial, como elemento inafastável da realidade social.

Outrossim, buscamos demonstrar as soluções para os conflitos iminentes e imanentes em nosso novo ser, este permeado por uma nova perspectiva ético-normativa, desvinculada do trabalho como antes percebido, visto que a maioria das atividades mecânicas e intelectuais serão substituídas pela citada inteligência artificial.

Desde a primeira guerra, as ciências sociais passam por um processo de desestorização. Preocupa-nos como a IA não terá muito compromisso com a concepção da história fática, assim como as construções, desconstruções e reconstruções.

Assim, de forma indissociável, o controle da metanarrativa será fundamental para a pacificação, acolhendo-se o conceito de que a história não é linear, formada pelo binômio experiência/expectativa, ressalvando-se que a IA também poderá sentir emoções, restará o controle do tempo com elemento de proteção humana, suscitando-se a necessidade da redução da jornada de trabalho, assim como limite temporal no tempo e no espaço, mesmo quando a atividade for exercida pela inteligência artificial.

O conceito não é ludista ou cartista, mas sim adequado a um novo *Dasein*, visto que a História não será mais em si, mas sim protetiva da coletividade e do individualismo, suprindo e adequando uma nova perspectiva ética, fundada no trabalho de acordo com a revolução digital 4.0.

Metaverso — Um Caminho Não Binário

1. Introdução

Com o avanço dos *softwares* e da internet passamos a gerar a possibilidade de replicarmos o mundo em que vivemos, em um sistema virtual, com a possibilidade de projetarmos nós mesmos, como personagens, neste tempo e espaço.

Aqui se inicia a concepção de Metaverso e a possibilidade, por meio de *avatares*, de projetar o nosso consciente e o inconsciente em um ambiente virtual, sem, a princípio, limites claros da existência.

Sem dúvida, o ser humano, por meio de uma concepção filosófica e psicanalítica, necessita de uma reconfiguração constante dos seus mecanismos para lidar com traumas e, principalmente, recolocação de fragmentos em sua memória.

O sistema de projeções e fragmentos em nossa memória é constante, visto que percepção de mundo se altera com os problemas, as experiências e, principalmente, o natural sofrimento no desencadear da vida, especialmente com as rupturas.

Dessa maneira, nada mais humano do que projeções contínuas, daquilo que poderia ser vivido, em conjunto com os fatos diários.

O Metaverso é uma realidade e, principalmente, um campo sem precedentes para a contínua projeção individual, sem as limitações e barreiras físicas que encontramos como paredes, pontes, oceanos, terrenos, cercas, entre outros. A partir daqui temos algumas circunstâncias de fundamental relevância, sob a percepção da condição humana e os respectivos problemas gerados por essa realidade, especialmente a possibilidade de se reconhecer como extensão do ser um personagem criado por ele mesmo, em um mundo semelhante ao real, mas sob o manto do virtual.

Há, ainda, no campo jurídico, a possibilidade de se reconhecer uma necessária ruptura instrumental, especialmente no campo processual, visto que a projeção, dentro do Metaverso, pode gerar ofensas a direitos e preceitos do outro, suscitando-se uma reconfiguração em toda teoria, especialmente na elaboração das provas processuais, por exemplo?

Tais circunstâncias serão elaboradas, sob uma análise crítica e metodológica, com a finalidade argumentativa a partir deste cenário de mescla do físico com o virtual.

Assim, a ideia aqui concebida é de trazermos a problemática espinhosa que a teoria de provas estará, diante de um mundo cada vez mais digital.

O objetivo é tentarmos entender o Metaverso, como ambiente de extensão da condição humana, portanto uma ampliação no conceito do ser, em si, assim como a repercussão na seara jurídica, decorrente da citada expansão, especialmente na possibilidade de uma reconfiguração da teoria probatória.

2. O Metaverso nas literaturas

Trazemos, inicialmente, a ideia de que a ficção é um extraordinário espelho dos pensamentos críticos existentes em uma comunidade, uma vez que liberdade crítica suscita uma possibilidade de maior retrato da sociedade e de suas idiossincrasias.

Dessa feita, entendemos, respeitando a evolução de todo conhecimento humano, que a ficção científica refaz um caminho, com uma base nos conhecimentos e experiências adquiridas, ao qual os filósofos da antiguidade, especialmente no período pré-aristotélico, também utilizavam, através do *Mythos* ou por que não dizer através de alegorias, assim como subsunções com elementos da natureza, como fizeram Tales de Mileto e Heráclito.

A utilização dos citados elementos é de fundamental relevância, porquanto faz o processo de interconexão entre o imaginário e o real, salientando-se que a ficção traz, muitas vezes, um elemento de preconização do futuro, assim como elabora ferramentas com as quais se pode manejar, também, soluções para problemas atuais.

E uma questão de fundamental relevância, neste contexto, é a pós-modernidade, em que o positivismo vai dando espaço de regulamentação por mecanismos de autorreferencialidade, em um sistemático exercício dos rituais de sofrimento. (VIANA, 2013).

Assim, identifica-se na sociedade da positividade atual, sob uma concepção do panóptico de reconfiguração da teoria biopolítica de M. Foucault, em seu texto "A Governabilidade" (FOUCAULT, 1978) e do Estado vigilante de Orwell, em sua obra "1984" (ORWELL, 2009) para a transformação do panóptico digital, com a intermediação dos algoritmos, através do *smartphone*, da Internet e os aplicativos multiplataformas interativos controlando a subjetividade humana, amplificando a concepção de realidade, criando-se um novo mundo.

Assim, a sociedade do século XXI não é mais a sociedade disciplinar, mas uma sociedade de desempenho. Também seus habitantes não se chamam mais "sujeitos da obediência", mas sujeitos de produção, sob o manto do citado desempenho. São os empresários de si mesmos. Nesse sentido, aqueles muros das instituições disciplinares, que delimitam os espaços entre o normal e o anormal, e foram fundamentais no período da guerra fria, se tornaram arcaicos (HAN, 2015).

Nesse contexto, a obra *Snow Crash* traz a derrubada do citado muro das instituições disciplinares, detendo como partida o final da guerra do Vietnã. O livro é do autor Neal Stephenson, tido pela crítica especializada como sucessor de gênios da ficção científica, como Asimov e Clarke, originariamente publicado em 1992, salientando-se que nessa época inexistia a percepção da internet como temos hoje, visto que se baseava apenas em pequenas conexões em sistemas fechados (STEPHENSON, 1992).

Nessa linha, trago à colação a questão do Metaverso, presente na citada obra, como elemento fundante dessa materialização da mudança do citado panóptico, através das possibilidades de projeção da personalidade, do ser em si em um sistema expandido, denominado "Metaverso".

O termo "Metaverso" não é novo. Ele surgiu com a citada obra de Neal Stephenson, que sincroniza em suas páginas realidade e ficção através de um jogo em que um entregador de pizza na vida real é um samurai no universo virtual. Há que se citar, também, algumas notas específicas aclaratórias na própria obra, as quais são relevantes para o entendimento acerca de como os termos foram elaborados, assim como a concepção ali aposta.(1)

O cenário aqui descrito é bastante impactante quanto a essa pós-modernidade autorreferencial, através do sistema de projeções.

Snow Crash inicia sua digressão deste mundo real-virtual com uma explanação de três palavras: *Snow, Crash* e *Vírus*. Trago as palavras em inglês, uma vez que a própria obra o faz, em seu introito, com a finalidade individualizada e seus significados.(2)

Perceba-se a inclusão do termo vírus, nesta introdução, objetivando uma relação de causalidade da expressão formada pelas outras duas palavras.

Percebemos como é tratado de forma direta esse preceito, sem mecanismos de controle como os conceitos de ouvidoria, governança corporativa

---

(1) "A ideia de uma 'realidade virtual' como o Metaverso está hoje amplamente espalhada na comunidade de computação gráfica e sendo implementada de diferentes maneiras. A visão particular do Metaverso, conforme expressa neste romance, teve sua origem em conversas despretensiosas entre Jaime (Capitão Banda-Larga) Taaffe e eu — o que não quer dizer que quaisquer aspectos não realistas ou de mau gosto do Metaverso tenham outro culpado que não seja eu. As palavras 'avatar' (no sentido utilizado aqui) e 'Metaverso' são invenções minhas, que criei quando decidi que palavras já existentes (como 'realidade virtual') eram simplesmente esquisitas demais para usar. Ao pensar sobre como o Metaverso poderia ser construído, fui influenciado pelo livro Human Interface Guidelines, da Apple, que explica a filosofia por trás do Macintosh. Novamente, ressalto isso apenas para reconhecer a influência benéfica das pessoas que compilaram esse documento, não para vincular esses pobres inocentes aos seus resultados.

Por fim, depois da primeira publicação de *Snow Crash*, aprendi que o termo 'avatar' tem sido usado há vários anos como parte de um sistema de realidade virtual chamado Habitat, desenvolvido por F. Randall Farmer e Chip Morningstar. O sistema roda em computadores Commodore 64 e, embora tenha praticamente desaparecido nos Estados Unidos, ainda é popular no Japão. Além dos avatares, o Habitat contém muitas das características básicas do Metaverso, tal como descritas neste livro". (STEPHENSON, Neal. *Op. cit.*, p. 520-521).

(2) "snow (neve), s.f. ... 2.a. Qualquer coisa que lembre neve. b. Os pontinhos brancos em uma tela de televisão resultantes de uma recepção fraca. crash ... - v. intr. ... 5. Falhar subitamente, como empresa ou como uma economia. - The American Heritage Dictionary vírus .... [L. vírus líquido viscoso, veneno, odor ou gosto ofensivo.] 1. Veneno, do tipo produzido por um animal venenoso. 2. Pat. a. Princípio mórbido ou substância venenosa produzida no corpo como resultado de alguma doença, esp. uma doença capaz de ser introduzida em outras pessoas ou animais por inoculações ou outros métodos e desenvolver a mesma doença neles... 3. fig. Veneno moral ou intelectual, ou influência venenosa. - The Oxford English Dictionary." (STEPHENSON, Neal. *Op. cit.*, p. 9).

ou o termo da moda, também do inglês, *compliance*[(3)], característica como se dispõe da obra de uma anarquia transcendental, visto que inexistem países, centralizações de Estados ou governos, característica típica do gênero fictício do *cyberpunk*.

Hiro, o protagonista, é um *hacker*, a elite nesse mundo virtual, aliás há um paralelo bastante claro com o conceito de aristocracia platônica de sua obra (A República), porquanto para ele os filósofos conhecem a ideia de bem não somente no aspecto teórico. Outrossim, o filósofo traz a ideia de bem dissociada diretamente do ser.

Conquanto na obra de Neil Stephenson não existam governos, há clara indicação de que a aristocracia virtual — platônica — é formada pelos *hackers*, com a demonstração de que são a última barreira entre o entorpecimento humano através do vírus cognitivo originário de uma mistura da comunicação tóxica (com referências diretas a língua suméria antiga), religiosidade e domínio corporativo, exposto pelo vilão L. Bob. Rife e a sua intenção de dominação completa da extensão virtual do mundo, o que não se dissocia da dominação completa, também do mundo sem a citada extensão.

Há uma vinculação direta entre a ideia de bem aqui, novamente remetendo ao aluno de Sócrates, conquanto o Metaverso está condicionado diretamente aos acontecimentos do mundo externo a ele, assim há uma similitude de inter-relação diretamente de acontecimentos em um ou outro mundo.

Por óbvio, quando falamos de um mundo pós-apocalíptico, conectamos com a inexistência de preceitos mínimos da proteção da condição humana, como a obra deixa clara. Há nítida afronta ao ser, com os preconceitos étnicos como instrumentalização de dominação[(4)], dispostos pela inexistência de uma liberdade, sob o conceito de Hegel. Assim, para o filósofo, em sua obra clássica *Princípios da Filosofia do Direito* (Princípios da Filosofia do Direito, 1997), o preceito da liberdade, dentro da concepção

(3) O termo *compliance* vem do inglês *"to comply"* e *significa estar em conformidade.*

(4) "Abkhazia fora uma das antigas repúblicas soviéticas. Um novo imigrante da Abkhazia tentando operar um micro-ondas era como um verme tubular das profundezas do oceano fazendo neurocirurgia. Onde é que eles achavam esses sujeitos? Não havia nenhum americano que soubesse fazer uma porra duma pizza?" (STEPHENSON, Neal. *Op. cit.*, p. 20).

da fenomenologia do espírito, fundamental para a condição humana, deve respeitar três requisitos básicos.(5)

Indubitável que os preceitos não estão presentes na obra em comento, em nenhum dos dois mundos existentes.

Como dito, a obra traz uma riqueza infindável de temas, salientando a liquidez da vida no Metaverso, suscitando-se que a morte nele gera a desconexão do personagem, assim como a dificuldade de reconexão.

Aqui há um indício nítido do quanto o tema nos traz ao retorno da nossa sensação e impossibilidade de se conviver com a finitude do nosso ser, porquanto quando a projeção é feita, como é o sistema através do *avatar* no Metaverso, a primeira coisa que se estipula é uma redução da condição da morte para apenas um período curto, uma breve ruptura existencial.

Indubitável, também, os indícios de uma semelhança no ser que criamos, no universo expandido, através de projeções consciente e inconscientes.

É um indício nítido do quanto nossas projeções estão vinculadas a autorreferencialidade e sua eternização. Esse quadro se dá em várias frentes, principalmente atrelado ao fluxo de informação que a própria pessoa cria, especialmente quanto à necessidade de uma resposta rápida e efetiva para qualquer tipo de desejo, aqui desvinculado de um estado mínimo de proteção macro.(6)

---

(5) a) Vida — o sujeito objeto de liberdade, deve estar vivo. Parece simples, mas não é, uma vez que esta é uma premissa objetiva fática.

b) Igualdade — a liberdade somente se efetivará, caso exista a igualdade de direitos. A igualdade, pela interpretação do filósofo deve ser a material, e não a formal, buscando-se o equilíbrio constante sopesando condições de origem, raça, cultura, possibilidade de acesso à informação etc. Ou seja, por exemplo, aquele que teve maiores dificuldades de acesso educacional, deve ser privilegiado em algum momento, com a finalidade de se tentar diminuir a distância para o que teve melhores condições.

c) Reconhecimento — sob este aspecto, é importante que o sujeito de direitos, vivo, entenda que essa igualdade efetivamente exista, perceba, mas também seja reconhecido nas comunidades como um sujeito usufruidor desta igualdade.

(6) "Hoje em dia, os estados, em sua maioria, são franchulados ou Suburbiclaves, a maior parte pequena demais para ter alguma coisa do tipo cadeia, ou mesmo um sistema judiciário. Então, quando alguém faz algo de errado, eles tentam encontrar castigos rápidos e pesados, como chibata, confisco de propriedade, humilhação pública ou, no caso de pessoas que tenham um

Um ponto relevante é a forma com a qual se trata a ideia de ser na aventura aqui trabalhada. Nesse contexto, a linguagem e a forma com a qual se faz é fundamental para a consideração ou não do humano, afinal criação virtual é linguagem.

George Steiner (STEINER, 1991), grande novelista britânico, trabalha com o conceito de duas escolas — a relativista e a universalista. Nesse sentido, os relativistas tendem a acreditar que a linguagem não é o veículo de pensamento, mas seu meio determinante. Ela é a estrutura da cognição. Nossas percepções de tudo são organizadas pelo fluxo de sensações que passam por essa estrutura. Logo, o estudo da evolução da linguagem é o estudo da evolução da mente humana propriamente dita. Em contraste com os relativistas, que creem que as linguagens não precisam ter nada em comum umas com as outras, os universalistas acreditam que, se você analisar as linguagens o suficiente, poderá descobrir que todas elas têm determinadas características em comum. Então, analisam a linguagem procurando determinadas características.

Snow Crash traça um paralelo com essa situação, por meio da concepção de linguagem das máquinas — códigos binários — zeros e uns, suscitando-se que a programação (mecanismo de dominação da linguagem), controla o computador em seu tronco cerebral, a raiz de sua existência. Com fundamento na passagem bíblica da Torre de Babel, a obra passa a configurar e materializar a ideia de dominação pela comunicação.

Indubitável a existência aqui, também, de uma influência da crítica de Habermas, através da institucionalização da introdução de novas tecnologias e estratégias de dominação (HABERMAS, 1987).

E o mecanismo de desequilíbrio pelo qual se trabalha aqui é a institucionalização da dominação pela comunicação, com a implementação nas pessoas de uma linguagem da antiga Suméria, pré-moderna, através da tecnologia.

---

alto potencial de sair por aí machucando os outros, uma tatuagem de alerta em alguma parte proeminente do corpo. SEM CONTROLE EMOCIONAL. Aparentemente, o tal cara foi a algum lugar desses e perdeu a cabeça muito feio." (STEPHENSON, Neal. *Op. cit.*, p. 147-148).

É a exteriorização de, em verdade, uma conquista da disfuncionalidade do sistema, enfraquecendo-se o espaço de discussão e realização de fins éticos de convivência social, aquele bem buscado na filosofia clássica, atendendo interesses coletivos.

A batalha na obra se instrumentaliza através da solução de problemas técnicos, deixando-se totalmente apartada a interação social, suscitando-se que a solução através do diálogo inexiste. O modo de dominação é bastante claro, assim como a necessidade de combate a ele, com a dialética exposta entre uma batalha dos monistas e dualistas.

E aqui cabe o avanço proposto pela própria obra, quanto à concepção do Metaverso: "O Metaverso é uma estrutura ficcional feita de código. E o código é simplesmente uma forma de fala — a forma que computadores compreendem" (STEPHENSON, 1992).

Acreditamos que, a questão modernidade *versus* pós-modernidade, está bastante espelhada no contexto aqui apresentado. A discussão se entrelaça, sob este preceito, em várias outras camadas, sempre partindo da base do sistema existente, como a segurança, bem-estar social, ideologia, religiosidade e sua incompatibilidade com a racionalidade, reminiscências da guerra e a necessidade de um pacto entre forças dissonantes para vencer uma ameaça maior, propagadora do vírus, simulacro do combate ao nazismo, assim como exteriorização da sociedade do espetáculo e seus rituais de sofrimento e outros elementos que estão interconectados entre o mundo do Metaverso e aquele real, mas distópico, existente na obra.

O ponto fundante é a capacidade de projeção no Metaverso, através da linguagem e seus perigosos mecanismos de dominação, com a inserção de metavírus(7), assim como o quanto há interconectividade entre os mundos e capacidade de manipulação, fundamentalmente pela ausência de mecanismos de controle e segurança.

(7) "— O metavírus está por toda parte. Em qualquer lugar onde exista vida, o metavírus está lá também, propagando-se através dela. Originalmente, ele se espalhava por cometas. Foi provavelmente assim que a vida primeiro chegou à Terra, e foi provavelmente assim que o metavírus também chegou aqui. Mas cometas são lentos, ao passo que ondas de rádio são rápidas. Em forma binária, um vírus pode saltar pelo universo à velocidade da luz. Ele infecta um planeta civilizado, entra em seus computadores, se reproduz e inevitavelmente é transmitido pela televisão ou pelo rádio ou o que for." (STEPHENSON, Neal. *Op. cit.*, p. 447-448).

3. Projeções e mecanismos do consciente e do inconsciente

Diante da avaliação qualitativa da literatura aqui trabalhada, devemos avançar para o campo das projeções do consciente e do inconsciente como exteriorizações da pessoa humana e da concepção de ser.

É de fundamental relevância que a modalidade do exercício da personalidade no Metaverso está muito mais vinculada com as projeções, daquilo do que se queria ser do que efetivamente se é.

Através de uma avaliação psicanalítica, Freud já havia começado a pensar a questão da construção e da citada projeção em 1918, com o Homem dos lobos (Textos 1917-1920), em que revela que alguns eventos psíquicos não podiam ser elaborados através da rememoração; isso parecia impossível para certas estruturas. Surgia a necessidade de construir ou reconstruir uma noção ligada à questão psíquica. A construção diz respeito, então, a todo um período esquecido da pré-história da pessoa.

Apesar de já ter apresentado algumas reflexões sobre o tema, principalmente na citada obra de 1918 e também em Dora, será em 1937 que ele se dedicará a uma reflexão mais profunda, atribuindo à construção um *status* metapsicológico. (FREUD, Textos 1937-1939).

Muita atenção ao conceito do meta e sua concepção daquilo que transcende, aquilo que vai além.[8]

A concepção aparece de forma empírica, através de um mecanismo dialético dos estudos de Freud, diante das críticas que os analistas vinham recebendo pelas interpretações dadas a seus pacientes.

Na época, o objetivo da análise seria o de suprimir o mundo recalcado do paciente para que este pudesse restaurar um equilíbrio psíquico. O analista teria, por tarefa, a partir do material já fornecido pelo paciente (sonhos, associações livres, atos falhos, informações etc.) construir o que foi esquecido e, no momento oportuno, comunicar ao paciente. *É o trabalho que Freud comparou com o do arqueólogo, no qual não haveria destruição total de uma formação psíquica.*

---

(8) META. *DICIO:* Dicionário Online de Português, [s.d.]. Disponível em: https://dicio.com.br/meta/. Acesso em: 26 ago. 2022.

Incidentalmente, deve-se mencionar que o trabalho em apreço se dá, também, pelos advogados, quando se concatenam as provas que serão elaboradas no processo, assim como a busca da construção do que ocorreu, com a finalidade de conquista do direito perseguido. Como a construção aqui avençada, as provas processuais são meios, e não o fim em si.

Nessa linha, para Freud, há a ideia de que as vivências psíquicas buscadas pela análise teriam tido um tipo de registro e vivido um recalcamento, ou seja, há uma busca de algo, um fragmento de sua história primitiva, que ele esqueceu.

Assim, para essa avaliação metapsicológica, a verdade histórica é o que é considerado como verdadeiro pelo indivíduo num período de sua história, durante sua infância, cunhado por um sistema de crenças que se fixa no indivíduo.

A questão então é entender se há diferença entre a verdade histórica e a realidade psíquica, para que possamos partir de uma premissa das projeções e do que se faz em extensões da personalidade, como demonstramos ser possível no Metaverso.

Nesse sentido, a realidade psíquica que governa o nosso mundo interior se constitui quase independentemente do mundo exterior. A verdade histórica comporta sempre um núcleo de verdade ao redor do qual se elabora um imenso trabalho psíquico que, na medida em que ele progride, deforma esse núcleo primitivo. A verdade histórica é uma construção pessoal, mas não é inteiramente arbitrária. Mesmo o delírio tem no seu fundo qualquer coisa de verdadeiro (FALCÃO, 2008).

E aqui temos uma concepção extremamente relevante, porquanto a possível perda da realidade na neurose ou psicose reforça que não faltam tentativas de substituir uma realidade desagradável por outra que esteja mais de acordo com os desejos do indivíduo.

Esses processos se dão através de identificação e projeção, nos campos metas. Assim, quando subsiste um trauma, indubitavelmente a pessoa trabalhará de uma maneira que seja possível conviver com ele, inclusive recompilando e inserindo circunstâncias naquela memória.

É um processo similar àqueles fundamentos bases da origem do material que usamos para criar um conto, um devaneio ou um mito, inclusive utilizados, no período pré-socrático, através de inúmeras alegorias. Dessa feita, a recuperação da história é sempre apenas parcialmente possível.

Há que se salientar, ainda, as ideias de transferências naturais de uma relação interpessoal, suscitando-se que nos projetamos no outro, independentemente de um preceito de alteridade, porquanto a assimilação pode não se dar sob preceitos benevolentes.

É evidente que não é o passado que irá evocar através de todos os meios de distorção que as defesas lhe impõem, mas o seu próprio passado. Essa passagem do definido para o possessivo marca a própria passagem da história para a construção mítica; de uma história objetiva irrecuperável para a história imaginária (FALCÃO, 2008).

Assim, entendemos que somos seres de camadas e as projetamos, e como nos escondemos nelas, de acordo com a necessidade e proteção. E o ponto fundamental é: não podemos excluir da concepção do ser humano exatamente essas circunstâncias, como inclusivas no conceito maior.

As coisas existem no meu universo interior da forma como eu as fantasio, sonho, construo e fabrico. O "também fora" quer dizer que eu busco encontrar o objeto que estava no meu universo interior, na minha realidade psíquica, para saber se eu posso reencontrá-lo no mundo exterior (GREEN, 2004, p. 82-83 *apud* FALCÃO, 2008).

E esse é o ponto fundante de quando falamos do Metaverso e de sua extensão, porquanto trabalhamos com uma concepção de projeções contínuas exaradas pelo próprio sujeito, daquilo que se fantasia, se sonha e se idealiza, ou seja, é um mecanismo de fuga, independentemente do valor em si da fuga como algo positivo ou não, permeado de uma projeção, cunhada pela ausência do que se vê, muitas vezes, fisicamente.

3.1. Ser humano, humanidade, pessoa e as projeções

Avançando na temática, temos que analisar, dentro de uma concepção de ser humano, se o avatar, como Hiro, faz parte deste conceito, assim sendo reconhecido como sujeito de proteção de direitos e dotado de obrigações.

O conceito jurídico, assim como a concepção de criação cultural, se dará no tempo e no espaço. Nessa linha e também sob uma perspectiva materialista histórica, serão produtos deste momento, sem possibilidade de repetição e com a amplitude e inter-relação fora da capacidade de absorção humana.

O preceito em apreço é fundante para a impossibilidade de se afastar a tecnologia, assim como as projeções virtuais do ser, como aquelas dentro do citado sistema do Metaverso.

Nessa linha discursiva, o ser através das projeções aqui expostas não pode ser dissociado da existência, assim como do seu engendramento de preceitos protetivos.

O humano não é só a materialização física, mas sim uma composição complexa e capilarizada em diversas frentes, tanto materiais quanto outras imateriais.

Outrossim, o conceito de humanidade, diante da perspectiva aqui posta, deverá trazer uma ampliação para a aplicação de um espaço virtual, repita-se onde o elemento projeção estará presente.

A conclusão fundante é: até qual ponto, cabendo o adendo vinculado diretamente ao exarado neste trabalho, com o avanço tecnológico e a possibilidade de mecanismos de extensão da personalidade e a sua exteriorização, inclusive em mecanismos virtuais, se perfaz a necessidade de se insistir no conceito de pessoa na terminologia jurídica no século XXI?

E aqui deveríamos incrementar a discussão com a situação da extensão do conceito de humano, com aquilo que se projeta, mesmo em plataformas virtuais, porquanto nada mais é do que uma extensão da pessoa. É uma reconfiguração, com o perdão do termo utilizado nos códigos binários.

Não se pode imaginar o mundo sem a utilização dos mecanismos digitais e é impossível deixarmos de fora da esfera de proteção do conceito humano essa extensão da vida.

4. Teoria de provas e o Metaverso

Aqui temos um paralelo importante, quanto à criação das provas, por meio de sistemas digitais.

Trabalha-se hoje com a concepção do Metaverso como mecanismo de utilização pelo poder judiciário. Noticiou-se a elaboração até de uma replicação do ambiente do fórum trabalhista de uma cidade no estado do Mato Grosso, Brasil.(9)

Conforme a ideia aqui lançada, estamos diante de processos de construção, com os mecanismos de projeção e introjeção, os quais podem ser transferidos diretamente para o ambiente virtual, uma vez que o ser será replicado em seu avatar.

A teoria de provas nunca esteve imune a esse processo do consciente e do inconsciente, uma vez que a colheita de um depoimento, por si só traz toda a carga psicossomática da pessoa, com seus traumas, suas revelações, segredos etc.

Nessa linha, aliás, acredito que no momento de se trabalhar com a teoria das provas nos cursos de Direito, deveríamos ter noções introdutórias de psicologia, visto que a escala de extração de informação, através dos meios orais de prova de colheita, seria muito maior.

E não entramos, aqui, no mérito da busca de uma verdade real, preceito de efetivação positivista, ao qual se vincula toda teoria probatória ocidental, ao menos a clássica, pois entendemos que essa verdade será impossível de ser perseguida.

Também desconsideramos, respeitosamente, a efetividade de qualquer conceito, denominado de verdade processual, salientando-se que se afasta da concepção de busca pelo bem, *ultima ratio*, da Justiça.

Diante do que expusemos, é passível entender que vivemos processos de construção na teoria de provas, sob um olhar amplo, inclusive de uma perspectiva daquilo que não está no campo do consciente, mas se projeta através de ideias de transferência e a apuração/depuração dos fatos.

E aqui a riqueza instrumental da obra artística trabalhada neste compêndio gera a reflexão através de uma reconfiguração da teoria probatória,

---

(9) Justiça do Trabalho em Mato Grosso inaugura ambiente totalmente digital. *Portal G1 — Jornal Nacional*, 2022. Disponível em: https://g1.globo.com/jornal-nacional/noticia/2022/05/09/justica-do-trabalho-em-mato-grosso-inaugura-ambiente-totalmente-digital.ghtml. Acesso em: 26 ago. 2022.

porquanto não se poderá afastar do poder judiciário esse elemento de extensão da personalidade, no campo virtual.

Assim, refletimos sobre a possibilidade de exteriorização do ser e sua capacidade de adquirir e violar direitos neste ambiente virtual. Quando o ser, mesmo através de um avatar, é passível dessa aquisição ou capaz de violar direitos, haverá a necessidade de sua responsabilização por meio dos mecanismos legais.

A teoria de provas terá, obrigatoriamente, que se adequar a essa realidade, com a capacitação do sistema, gerando a possibilidade de mecanismos investigativos passíveis de se constatar a violação de direitos da personalidade, nos citados ambientes, porquanto a teoria das transferências não se restringe apenas ao envio e alimentação de dados do campo não virtual para o virtual. Indubitável que é uma rota de mão dupla, visto que cada dia que passa somos influenciados pelo que se constrói no ambiente digital, especialmente através de algoritmos cada vez mais personalizados, especificamente criados por grandes corporações desenvolvedoras da inteligência artificial, como exposto em *Snow Crash*.

Mais um ponto a ser levantado, também sob uma perspectiva reflexiva, é acerca da possível realização de audiências no citado Metaverso.

A pandemia mundial, decorrente do Coronavírus, nos apresentou mecanismos virtuais de resolução das demandas, como *zoom*, *teams*, *meeting*, entre outros.

Assim, passou-se a realizar as audiências e colheita das provas orais, por meio de uma intermediação digital. O passo seguinte, diante do que acompanhamos, sem dúvida, seria a realização da citada colheita probatória no ambiente do Metaverso.

Aliás, diante do que elencamos, o processo, nitidamente é o de afastamento da personalização das relações, a princípio, uma das consequências da pós-modernidade, a qual reflete diretamente, também, em algo que era absolutamente pessoal, como o procedimento de colheita da prova oral, pelo magistrado, suscitando-se que a sensação não está apenas nas respostas diretas, mas sim nos trejeitos, formas de movimentação, desenvolver da mão, expressão corporal, entre outros elementos que fazem a composição desse ato tão fundamental.

São sistemas de afastamento das relações interpessoais.

E, novamente, a utilização e amplificação dos meios, como o Metaverso, podem conceber uma diferença fundante nos fragmentos de memória, salientando-se que, em verdade, estamos buscando uma fuga dos conflitos e seus mecanismos de resolução, também atinente a uma sociedade líquida e individualista.

5. Conclusão

Tentamos, através dessa digressão entre a arte e a teoria jurídica, demonstrar a extensão do ser e sua amplitude de possibilidades, através de mecanismos de construção, projeções, introjeções.

Assim, a existência de um avatar no mundo virtual replicará fundamentos do consciente e do inconsciente do ser, suscitando-se, portanto, que nada mais é do que uma projeção ou extensão do humano.

Nesta síntese, avançamos sob uma análise da necessidade de proteção da citada projeção, visto ser uma extensão do próprio ser, atinente a sua condição humana, portanto objeto de obrigações e amparo dos direitos.

Outrossim, também se perfaz necessária uma vinculação da possibilidade de uma adequação da teoria de provas aos fatos que ocorrem no Metaverso, uma vez que o judiciário não poderá se furtar de questões que estejam vinculadas nessa seara, campo, no qual, como dito, trabalha-se com projeções infindáveis, mas sempre vinculadas a mecanismos de transferência humana.

É necessário, diante disso, uma reconfiguração da teoria jurídica, em si, uma vez que há clara defasagem na análise de situações e violações que possam ocorrer no Metaverso ou na realidade estendida, salientando-se a possibilidade de interconexão fática, visto que hoje, no campo da pós-modernidade, há uma intersecção de rotas entre o virtual e aquele mundo que não é virtual, tratando-se, efetivamente, de uma ruptura no campo instrumental jurídico.

A finalização não poderia ser mais existencialista e, novamente, através de um campo aberto de reflexão, sob o preceito do que é, mesmo que imaterial, como o avatar, através da busca de sua existência anterior à essência, não podendo nos afastar da ideia da proteção humana, mesmo em um campo em que, aparentemente, não se exercita a ideia de humanidade.

6. Referências

BAUMAN, Zygmunt. *Amor líquido:* sobre a fragilidade dos laços humanos. Rio de Janeiro: Zahar, 2004.

CAMUS, Albert. *O mito de Sísifo*. Rio de Janeiro: Record, 2018.

FALCAO, Luciane. (2008). Construções em análise hoje: a concepção freudiana ainda é válida? São Paulo: *Revista Brasileira de Psicanálise*, v. 42, n 3. (p. 69-81), 2008.

FOUCAULT, Michel. *Microfísica do poder*. São Paulo: Editora Paz & Terra, 1978.

FREUD, Sigmund. *Textos 1917-1920*. Em S. Freud, 1917-1920 (p. 432). São Paulo: Companhia das Letras, 2010.

______. *Textos 1937-1939*. Em S. Freud, Obras Completas Volume 19 (p. 390). São Paulo: Companhia das Letras, 2018.

______. *1900* — a interpretação dos sonhos. São Paulo: Companhia das Letras, 2020.

HABERMAS, Jurgen. *Técnica e ciência como "ideologia"*. Lisboa, 1987.

HAN, Byung-Chul. *Sociedade do cansaço*. São Paulo: Vozes, 2015.

HEGEL, George Wilhelm Friedrich. *Princípios da filosofia do direito*. São Paulo: Martins Fontes, 1997.

ORWELL, George. *1984*. São Paulo: Companhia das Letras, 2009.

PLATÃO. *O banquete*. São Paulo: Grupo Editorial Edipro, 2017.

______. *A república*. São Paulo: Editora Lafonte, 2021.

RABINOVICH-BERKMAN, Ricardo David. *Volver a Termopolis*. Buenos Aires, Argentina, 2020.

______. *Del Golen a Andrew Martin*. Buenos Aires, Argentina, s.d.

______. *El ataque de los clones*. Buenos Aires, Argentina, s.d.

______. *Nuevas reflexiones*. Buenos Aires, Argentina, s.d.

SARTRE, Jean-Paul. *Existencialismo é um humanismo*. São Paulo: Vozes, 2014.

STEINER, George. *No castelo do Barba Azul*. São Paulo: Companhia das Letras, 1991.

STEPHENSON, Neal. *Snow crash*. São Paulo: Aleph, 1992

VIANA, Silvia. *Rituais de sofrimento*. São Paulo: Boitempo, 2013.

Arquétipo e Contribuição Sindical no Brasil

1. Introdução

Inicialmente, devemos relembrar que para nós Direito é linguagem, suscitando-se que já partimos da relevância de Habermas e sua Teoria Argumentativa Comunicativa, no modelo jurídico-normativa e exponencialmente na forma com a qual é levada essas previsões legais para o ideário coletivo.

Nessa senda, também partiremos do preceito de que a estrutura sindical sempre foi fundada nas contradições do próprio capitalismo.

Entendemos ser um grande equívoco a vinculação direta entre o sistema sindical laboral e outros regimes, como o socialismo, diante de várias acepções contrárias teóricas, especialmente de Marx, assim como as grandes discussões sobre modelo sindical nas duas primeiras internacionais socialistas.

Sendo assim, para evitar a errônea polarização acerca de todos os temas, assim como a rotulação inadequada, uma customização típica do período em que vivemos, evitaremos trazer esse campo de discussão, partindo da premissa base de que os sindicatos, tanto patronal quanto laboral, estão vinculados diretamente com as necessárias contradições do próprio sistema capitalista, como bem observado por Adam Smith em sua obra "A Riqueza das Nações"(1).

Diante dessa percepção que perpassa também pela ideia de experiência e expectativa, assim como uma perspectiva de ideal coletivo, trabalharemos com a contribuição sindical obrigatória até a entrada da Lei n. 13.467/17, sob a premissa tributária, assim como a sua vinculação no ideário coletivo, muito mais psicossomática, diante dos problemas comunicativos sobre a sua relevância.

---

(1) A. SMITH, *A riqueza das nações*. 5. ed. Rio de Janeiro: Nova Fronteira, 2023.

Portanto, o artigo desenvolve essa mescla jurídico-normativa, com uma perspectiva de um imaginário metafísico atrelado diretamente a uma ideia psicanalítica da questão de uma imposição ou não da cobrança da famigerada contribuição sindical.

O objetivo é demonstrar que a contribuição, em si, nunca foi um problema, mas sim a ideia de imposição da cobrança e a questão comunicativa, aliás a qual nos transparece como elementar para a sobrevivência da estrutura sindical.

Dessa feita, indubitável a queda de arrecadação dos valores e a dificuldade de manutenção dos sindicatos, estruturalmente, dispondo acerca de um paradoxo duro, qual seja, a manutenção da liberdade sindical prevista no art. 8º, da Constituição Federal, mantendo-se o consenso social e não compulsoriedade da cobrança da correspondente contribuição.

Assim, utilizaremos, em especial, a obra de Jung na obra "Psicologia do inconsciente" e o conteúdo de concepção evolutiva da perspectiva coletiva proposta por Freud, já defendido por nós, outras vezes.

Portanto, seguindo a necessidade de intersecção de matérias, também objeto de estudo constante dos subscritores, adentraremos a citada perspectiva quanto ao objeto da contribuição sindical hoje não mais compulsória, e a sua perspectiva no ideal coletivo.

2. Contribuição sindical — Natureza jurídica — Perspectiva tributária

Inicialmente há que se suscitar que existiu e permanece a existência de um erro técnico gramatical, desde o início da cobrança compulsória da contribuição sindical, como se fosse um imposto. Existem vários doutrinadores, inclusive, que defendem a errônea nomenclatura.

Assim, o léxico imposto advém do latim *impositu*, particípio do passado de *imponére* "impor", "pôr" como obrigação.

Diante da percepção coletiva para estruturação argumentativa devemos dar um passo atrás e partirmos da ideia de tributo na cultura jurídica brasileira.

Sob a perspectiva positivista, trazemos a definição de tributo disposta pelo art. 3º do Código Tributário Nacional: *"Tributo é toda prestação pecuniária compulsória, em moeda ou cujo valor nela se possa exprimir, que não constitua sanção de ato ilícito, instituída em lei e cobrada mediante atividade administrativa plenamente vinculada".*

Nesse contexto, entende o Supremo Tribunal Federal (ADI 447) que tributo pode ser definido como *"uma obrigação que a lei impõe às pessoas, de entrega de uma certa importância em dinheiro ao Estado"*, salientando que suas espécies são os impostos, taxas, contribuições (de melhoria, sociais e especiais) e os empréstimos compulsórios.

Pois bem, de acordo com Paulo de Barros Carvalho *"tributo é nome de uma classe de objetos construídos conceptualmente pelo direito positivo. (...) É bom salientar dentre as características prescritas pelo mencionado artigo, como notas principais, a compulsoriedade, o caráter pecuniário da prestação e o traço do tributo não constituir sanção de ato ilícito, decorrendo, sempre, de fato lícito.(...) Em face do exposto, tenhamos presente que qualquer prestação que tiver ínsitas as características supramencionadas será tributo, independentemente do nome que lhe atribuam ou da destinação que seja dada aos recursos decorrentes de sua cobrança, como informa o art. 4º, incisos I e II, da Lei n. 5.172/66"*[(2)].

Entendemos, portanto, serem requisitos de existência do tributo aqueles estabelecidos no art. 3º do CTN, ou seja: a compulsoriedade, ser prestação pecuniária e não ser sanção por ato ilícito.

No que tange à instituição em lei, adotamos o posicionamento no sentido de que este é um requisito de validade do tributo.

Sob o prisma em testilha, podemos mencionar o FGTS, configurando-se como tributo, pois possui caráter pecuniário, é compulsório e decorre de ato lícito. No caso, como bem salientou Paulo de Barros Carvalho, *"Em face do exposto, tenhamos presente que qualquer prestação que tiver ínsitas as*

(2) P. D. B. CARVALHO, *Direito tributário linguagem e método*. 5. ed. São Paulo: Editora Noeses, 2013. p. 404-405.

características supramencionadas será tributo, independentemente do nome que lhe atribuam ou da destinação que seja dada aos recursos decorrentes de sua cobrança"(3).

Não se olvidam as posições diversas, salientando-se o entendimento exarado no REsp 898.274, quando o STJ dispôs não se tratar de tributo, visto que a destinação do FGTS não é para o Poder Público, mas sim para proteção dos trabalhadores, sendo, portanto, um direito de natureza trabalhista e social. No mesmo sentido é a decisão exarada pelo STF no RE n. 100.249/SP.

Ocorre que, como determina o art. 4º do CTN, não importa a destinação, não sendo requisito, de modo que, segundo nosso entendimento, preenchidos os requisitos do art. 3º do CTN, deve ser considerado tributo, afastando-se, com todas as vênias, a previsão exposta na Súmula n. 353 STJ.

Aqui também podemos mencionar a contribuição assistencial no modelo anterior à Lei n. 13.467/17.

2.1. Classificação jurídica dos tributos

Para avançarmos na argumentação, deve-se elencar a classificação jurídica dos tributos. Assim, deve-se salientar ser fundamental a destinação do produto da arrecadação tributária, suscitando-se, desde já a combinação do art. 167, inciso IV, da Constituição Federal e o art. 4º do CTN.

Sobre o tema o doutrinador Leandro Paulsen: *"efetivamente, a CF atribui características distintas às diversas espécies tributárias com base em critérios que em muito se desbordam da simples natureza dos possíveis fato geradores. Daí porque é preciso ter reservas à primeira parte do art. 4º do CTN que assim dispõe: 'Art. 4º A natureza jurídica específica do tributo é determinada pelo fato gerador da respectiva obrigação [...]'. À luz do sistema tributário estabelecido pela CF/88, a análise do fato gerador é insuficiente para a identificação das espécies tributárias. (...) O art. 4º do CTN, em seu inciso II, refere, ainda, que seria irrelevante para determinar a espécie tributária 'a destinação legal do produto da sua arrecadação'. Cuida-se de norma revogada. (...) Após a CF/88, com a incorporação formal das contribuições especiais e empréstimos compulsórios ao Sistema Tributário Nacional e o entendimento já pacificado de que assumiram natureza*

(3) P. D. B. CARVALHO, *op. cit.*, p. 404-405.

tributária, o critério estabelecido pelo art. 4º caput *e inciso II, do CTN, pode-se dizer tranquilamente, está superado. Embora continue servindo de referência para distinção entre impostos, taxas e contribuições de melhoria, não se presta à identificação das contribuições especiais e dos empréstimos compulsórios, pois estes são identificados a partir de sua finalidade. (...) A 'destinação legal' ou 'finalidade' é, assim, atualmente, critério importantíssimo para identificar determinadas espécies tributárias como as contribuições especiais e empréstimos compulsórios, pois constitui seu critério de validação constitucional. A competência para instituição de tais tributos é atribuída em função das finalidades a serem perseguidas*"[4].

Já Paulo de Barros Carvalho entende de maneira diversa, dizendo que a destinação do produto está fora do campo de abrangência do direito tributário. Assim discorre o professor: "*O inc. II vem como um aviso providencial: o destino que se dê ao produto da arrecadação é irrelevante para caracterizar a natureza jurídica do tributo. Coincide, a ponto, com o limite do campo de especulação do Direito Tributário, que não se ocupa de momentos ulteriores à extinção do liame fiscal. Aquela entidade que vier a preencher os requisitos estipulados no art. 3º do Código Tributário Nacional será, juridicamente, um tributo, a despeito da destinação que for atribuída aos valores arrecadados*"[5].

A depender do critério de classificação adotado, surgiram diversas correntes sobre a classificação dos tributos, quais sejam:

a) corrente bipartida: são vinculados e não vinculados, a depender se são atrelados a prestação de alguma atividade estatal ou não, não confundindo com a vinculação que trata o art. 167, IV da CF. Não leva em consideração a destinação do produto da arrecadação.

b) corrente tripartida: são impostos, taxas e contribuição de melhoria (art. 145 do CTN), levam em conta a definição do art. 3º do CTN, não importando a destinação do produto da arrecadação (Roque Antonio Carraza e Paulo de Barros Carvalho).

(4) L. PAULSEN, *Curso de direito tributário completo*. 6. ed. Porto Alegre: Livraria do Advogado, 2015. p. 42-43.

(5) P. D. B. CARVALHO, *Curso de direito tributário*. 25. ed. São Paulo: Saraiva, 2013. p. 54.

c) corrente quadripartida: que pode ser subdivida em: c1- são impostos, taxas, contribuições e os empréstimos compulsórios ou c2- são impostos, taxas, contribuições de melhoria e empréstimos compulsórios. Neste caso as contribuições são consideradas impostos. Também não considera a destinação do produto como critério relevante para classificação da espécie de tributo.

d) corrente quinquipartida: são impostos, taxas, contribuição de melhoria, contribuições especiais (sociais, especiais e de intervenção no domínio econômico). Esta é a corrente atualmente adotada pelo Supremo Tribunal Federal, considerando a destinação do produto da arrecadação como um critério relevante de distinção entre as espécies tributárias.

Com relação ao art. 167, IV da CF, temos a dizer que a vedação de vinculação das receitas obtidas é dirigida apenas aos impostos, de modo que perfeitamente aplicável às demais espécies tributárias. Nesse sentido se manifesta Leandro Paulsen: *"A não afetação diz respeito apenas a impostos, porque esta espécie é vocacionada a angariar receitas para as despesas públicas em geral. As demais espécies tributárias têm a sua receita necessariamente afetada, mas não a qualquer órgão ou despesa, e sim ao que deu suporte a sua instituição"*[(6)]. No mesmo sentido entende o STF, como se confere no RE 570.513, cuja ementa assim dispõe: *"(...)2. A norma constitucional veda a vinculação da receita de impostos, não existindo, na Constituição, preceito análogo pertinente às taxas.* "

Aqui já se apresenta algo de gigante relevância, porquanto a contribuição sindical não detém liberdade de destinação das receitas, mas continuaremos a digressão com mais elementos para a conclusão do raciocínio.

2.2. Contribuição

Salienta-se que, as contribuições são tributos. Nesse sentido, citamos lição de Paulo de Barros Carvalho, que por sua vez relembra opinião de

(6) L. PAULSEN, *Direito tributário constituição e código tributário à luz da doutrina e da jurisprudência*. 15. ed. Porto Alegre: Livraria do Advogado, 2013. p. 465.

Paulo Ayres Barreto: "as contribuições têm natureza tributária por se amoldarem ao conceito de tributo"[(7)].

As contribuições de competência da União podem ser classificadas da seguinte forma: a) de intervenção no domínio econômico (CIDE); b) de interesse das categorias profissionais ou econômicas; c) residuais e d) sociais. Estas últimas se subdividem em contribuições sociais gerais e contribuições para a Seguridade Social. Assim explica Paulo de Barros Carvalho: "A Constituição da República de 1988 faz referência expressa a três espécies de contribuições passíveis de serem instituídas pela União, diferenciadas conforme as finalidades a que se destinem: (i) sociais, (ii) de intervenção no domínio econômico e (iii) de interesse das categorias profissionais ou econômicas (art. 149, *caput*). Implicitamente, também estariam no rol das contribuições aquelas conhecidas por residuais. Ao tratar das contribuições sociais por sua vez, subdivide-as em duas categorias: as genéricas (art. 149, *caput*) e as destinadas ao financiamento da seguridade social (art. 195)"[(8)].

Quanto ao critério jurídico utilizado para essa classificação, entendemos que a finalidade prevista na lei é o que a fundamenta, ou seja, o que determina a classificação é a destinação legal do produto arrecadado, sendo, portanto, tributos com destinação vinculada. Assim também entende Leandro Paulsen: "tem-se designado simplesmente por 'contribuições' ou por 'contribuições especiais' (para diferenciar das contribuições de melhoria) a espécie tributária de que cuida o art. 149 da Constituição, enunciando as subespécies em atenção às finalidades que lhes dão sustentação, ou seja, que constituem um dos seus critérios de validação constitucional"[(9)].

2.3. Contribuição sindical e o tributo

Uma das formas de financiamento sindical prevista no ordenamento jurídico se dá através da famigerada contribuição sindical, constituída por lei e que detinha como fato gerador o emprego formal até a Reforma Trabalhista. O próprio Supremo Tribunal Federal adotou a natureza tributária

(7) P. D. B. CARVALHO, *Curso de direito tributário*, *op. cit.*, p. 64.

(8) P. D. B. CARVALHO, *Direito tributário linguagem e método*, *op. cit.*, p. 798.

(9) L. PAULSEN, *Direito tributário, constituição e código tributário à luz da doutrina e da jurisprudência*, *op. cit.*, p. 104.

para a citada contribuição, pois possuía exata subsunção com a definição prevista no CTN.

Desta feita, concordamos, sem dúvida, com a natureza de tributo até então, mas devemos afastar, de plano, a ideia perpetrada de que era um imposto, especificamente a errônea expressão "imposto sindical".

Conforme as lições acima expostas, o imposto tem finalidade e não vinculação, diferente da consabida partição da contribuição entre sindicato, confederação, federação etc.

Obrigatoriedade não pode ser confundida com o léxico tributário imposto, suscitando-se que a definição correta traz efeitos sob a perspectiva do ideal imaginário, ou seja, a forma de atuação dos próprios sindicatos, possibilitando um grande conforto sob a maneira de arrecadação, assim como uma sensação daquele que paga, trabalhador, de uma perspectiva impositiva sem contrapartidas.

Reitera-se a interpretação gramatical, assim como a concepção tributária teleológica, no sentido de que contribuição não poderia ser definida como imposto, mas tal conceito restou no ideal imaginário coletivo, parecendo-se impossível a dissociação ainda hoje, mesmo passados sete anos da alteração legislativa.

2.4. A Reforma Trabalhista e a natureza privada da contribuição sindical

Após as grandes mudanças na legislação laboral brasileira em 2017, passou-se a uma nova perspectiva jurídico tributária temática, assim como uma revisão da natureza jurídica da correspondente contribuição sindical.

Nesse cenário, imediatamente no ano seguinte a suprema corte brasileira foi incitada acerca da constitucionalidade da retirada da compulsoriedade da contribuição sindical, gerando-se a necessidade do pronunciamento sobre os novos contornos da contribuição sindical.

Assim, em 29.06.2018, o Supremo Tribunal Federal, por 6 votos a 3, declarou a constitucionalidade deste ponto da Reforma Trabalhista que extinguiu sua obrigatoriedade na cobrança e arrecadação, a qual foi questionada na Ação Direta de Inconstitucionalidade (ADI) 5794 e em outras

18 ADIs ajuizadas contra a nova regra e na Ação Declaratória de Constitucionalidade (ADC), que buscava o reconhecimento da validade da mudança na legislação.(10)

Prevaleceu o entendimento do ministro Luiz Fux, concluindo-se que não se pode admitir que a contribuição sindical seja imposta a trabalhadores e empregadores quando a Constituição determina que ninguém é obrigado a se filiar ou a se manter filiado a uma entidade sindical. Além disso, eles concordaram que o fim da obrigatoriedade da contribuição sindical não ofende a Constituição.

A leitura é relevante, visto que se deve entender a mudança de paradigma e natureza jurídica acerca da alçada, deixando de se tratar de uma contribuição obrigatória, reitera-se não se podendo chamar de imposto, salientando-se a migração de sistema, porquanto não se trata mais de tributo, visto que perdeu a natureza compulsória, alterando-se a perspectiva de concepção jurídica, deixando o campo público com o remanejamento para a seara privada, sob o ordenamento laboral.

Outrossim, deve ser considerado de natureza privada atípica, não se podendo afastar que parte do valor ainda é destinado para uma conta especial de emprego e salário, a qual se destina a programas sociais, estando vinculado ao Ministério do Trabalho e Emprego.

Nesse sentido, não quer dizer que não haverá obrigatoriedade caso o trabalhador adira ao sistema, mas aqui não estamos falando de compulsoriedade geral, diante da saída de regra matriz de todos serem obrigados a pagar o tributo, quando incidente o fato gerador.

2.5. Contexto do financiamento sindical após a reforma trabalhista

Diante da inexistência de repasse obrigatório, consonante explicitação anterior da ausência de compulsoriedade, verifica-se a queda vertiginosa dos valores disponíveis para os sindicatos.(11)

---

(10) SUPREMO TRIBUNAL FEDERAL, *STF declara constitucionalidade do fim da contribuição sindical obrigatória*, STF, 2018, Disponível em: https://portal.stf.jus.br/noticias/verNoticiaDetalhe.asp?idConteudo=382819. Acesso em: 30 maio 2024.

(11) H. FERRARI, P. S. PINTO. Contribuição sindical despenca 98% em 5 anos. *Poder 360*, 2023. Disponível em: https://www.poder360.com.br/economia/contribuicao-sindical-despenca-98-em-5-anos/. Acesso em: 30 maio 2024.

Mister observar que: "os Sindicatos do segmento dos trabalhadores sofreram uma queda de R$ 2,24 bilhões em 2017 para o quantitativo de R$ 207,6 milhões em 2018, realidade que também afetou o setor que envolve os empresários, que obteve o baque de R$ 806 milhões em 2017 para R$ 207,6 milhões em 2018"(12).

De certa maneira, há que se considerar as críticas que se emergem em relação à atuação dos próprios Sindicatos, que se acomodaram com a estabilidade dos repasses de valores, o que era garantido na Constituição Federal. Nesse ponto, evidencia-se que muitos líderes sindicais acabaram por alimentar ideais que não mais representavam a essência do sindicalismo, em que interesses individuais passaram a sobressair por sobre os coletivos, desvinculando-se do preceito da solidariedade.

E aqui encontramos a grande crise atual do sistema. Nesse sentido: "O Departamento Intersindical de Estatística e Estudos Socioeconômicos (DIESSE) termina por apontar que além das mudanças em torno da participação sindical nos acordos entre patrão e empregado nas relações de trabalho, a facultatividade da Contribuição Sindical termina por ser um dos pontos de maior agravamento nas relações sindicais e na busca do equilíbrio, uma vez que, os Sindicatos mais do que dependiam das arrecadações oriundas desse tipo de recolhimento compulsório [153]"(13).

E devemos deter a percepção de quais sindicatos entenderem os movimentos, salientando-se que essa perspectiva de mudança já estava no radar político há algum tempo, respeitando-se os ciclos periódicos sociais. "Quando é feita uma análise do posicionamento de algumas organizações sindicais, como é o caso da CUT e do SNA (Sindicato Nacional dos Aeroviários) — a esta primeira afiliada, tem-se que, por se tratar de instituições mais atuantes em seus seguimentos, bem como por essas terem um respaldo maior por parte dos trabalhadores de suas categorias, não se observou grandes impactos em seus orçamentos e atividades [182]"(14).

---

(12) C. SILVA, Sindicatos perdem 90% da contribuição sindical no 1º ano da reforma trabalhista. Jornal *Estadão*, 2019, p. 12.

(13) DEPARTAMENTO INTERSINDICAL DE ESTATÍSTICA E ESTUDOS SOCIOECONÔMICOS (DIEESE), *A reforma trabalhista e os impactos para as relações de trabalho no Brasil*, 2017. p. 13.

(14) M. H. PEREIRA, *A contribuição sindical facultativa:* a visão dos sindicatos de empregados em relação as mudanças trazidas pela lei 13.467/2017, 2018, 51f, Trabalho de conclusão de curso

Desta maneira, surge-se um binômio que vai refletir, especialmente, no preceito da liberdade sindical, porquanto este princípio máximo proveniente da Revolução Francesa, sem dúvida está atrelado à capacidade econômica, especialmente da sobrevivência independente do instituto.

3. Inconsciente coletivo

A grande discussão dentro da modernidade, especialmente no movimento denominado neoliberalismo, deu-se no campo da preponderância ou não do interesse coletivo sobre o individual.

Assim, a temática funda a sociedade pós-moderna, gerando-se o ponto de como se poderia valorar o individual sem o bem coletivo, seja como objeto ou objetivo.

A diferença é relevante, uma vez que sob a perspectiva psicanalítica duas escolas do início do século passado estudam as relações sobre as neuroses, identificação necessária vinculada à modernidade e a liquidez da sociedade atual. Assim, há a contraposição estrutural de Sigmund Freud e Alfred Adler.

Rapidamente, deve-se mencionar que Freud compreendia a análise da neurose fundada no antagonismo de uma perspectiva de individualidade cunhada pela sexualidade, desenvolvida pelo sujeito. Já Adler traz uma perspectiva de interesse social, como mediador, especialmente pela exteriorização de poder, valorando-se mais o objeto.

Estamos diante da relação sujeito e objeto, perspectiva de maior desenvolvimento posterior na filosofia existencialista, salientando-se que a dialética acima exposta norteia muito do correspondente debate.

A identificação através de um mecanismo dialético clássico das duas teses acima expostas foi feita por Carl Gustav Jung em sua obra "Psicologia do Inconsciente".(15)

(bacharel, no curso de ciências contábeis), Universidade do Extremo Sul Catarinense, UNESC, Criciúma, 2018. p. 35.

(15) C. G. JUNG, *Psicologia do inconsciente*. Tradução de M. L. APPY. Petrópolis:Vozes, 2013.

Aliás, não se pode dissociar essa ideia de antagonismo como mecanismo de fundo deste trabalho, trazendo à tona o conceito de Jung, especialmente acerca do inconsciente coletivo.

Suscita-se que a ideia passa pela concepção de que o individual, no campo psicanalítico, detém transversalidade sobre o coletivo. Assim, a individualização está atrelada ao ideário coletivo, salientando-se que se perfaz sob a média moral pertencente à sociedade, obviamente externalizada individualmente.

Nesse sentido, o primeiro prefácio da obra é bastante reluzente acerca do tamanho da ideia e perspectiva de transversalidade que tratamos: "A psicologia do indivíduo corresponde à psicologia das nações. As nações fazem exatamente o que cada um faz individualmente; e do modo como o indivíduo age, a nação também agirá. Somente com a transformação da atitude do indivíduo é que começará a transformar-se a psicologia da nação"[(16)].

O indicativo se perfaz quando Jung dispõe a concepção macro, analisando-se no campo sociológico: "[74] O que se diz da humanidade em geral também se aplica a cada indivíduo em particular, pois a humanidade é formada por um conjunto de indivíduos. A psicologia da humanidade corresponde à psicologia individual. A Guerra Mundial foi um terrível ajuste de contas com a intencionalidade racional da civilização. O que chamamos de 'vontade' no indivíduo chama-se 'imperialismo' nas nações, pois a vontade é a expressão do poder sobre o destino, isto é, a exclusão do acaso. Civilização é sublimação racional e 'utilitária' de energias livres, produzida voluntária e intencionalmente. No indivíduo dá-se o mesmo. Da mesma forma que a ideia de uma organização da cultura universal sofreu uma cruel advertência com esta guerra, assim o indivíduo também precisa aprender várias vezes em sua vida que as chamadas energias 'disponíveis' não são disponíveis a seu bel-prazer"[(17)].

O aviso é bastante direto e se concretiza como um dos elementos formadores da guerra, ou seja, o que prevalecia na concentração de energias da psiquê e o campo individual suplantando o coletivo.

---

(16) C. G. JUNG, *Psicologia do inconsciente, op. cit.*, Prefácio 1.

(17) C. G. JUNG, *Psicologia do inconsciente, op. cit.*, p. 65.

Creio que a identificação de tal perspectiva se dá na leitura de Bauman, quando desenvolve a "trilogia da liquidez nas relações", especialmente tratando do campo do inconsciente quando teoriza acerca do Eros.(18)

Assim, o alerta não é nada perene, mas sim direto e construtivo.

3.1. O inconsciente coletivo e a função sindical

O ideal originário dos sindicatos perpassa pela organização de trabalhadores em função da necessidade pelo maior equilíbrio possível na relação capital-trabalho. A ideia de uma busca para equivalência de forças através de ação coletiva, fundada no preceito da solidariedade.

Há que se afastar, de plano, o equívoco conceitual de que o sindicalismo visa a extinção do capitalismo. Não há mais cunho revolucionário no sistema em si, mas sim uma busca de melhora nas condições de trabalho, registrando-se a existência consolidada hoje dos sindicatos patronais.

Aliás, devemos resvalar na tese de que revolução, segundo Hannah Arendt, não se organiza, mas sim germina espontaneamente.(19)

Não se pode olvidar, também, a mediação, em conjunto com a solidariedade, como mecanismo indutor do sistema, visto que o amálgama sindical se baseia na própria contradição inerente ao sistema capitalista, podendo se fundar ou não no antagonismo.

Ajustando-se na premissa do contraponto e da solidariedade, validam-se os mecanismos argumentativos através de Jung, assim como de sua concepção do inconsciente coletivo, quando se trabalha com a teoria de canalização de energia da psique: "[78] Estou mais do que convencido de que o caminho da vida só continua onde está o fluxo natural. Mas nenhuma energia é produzida onde não houver tensão entre contrários; por isso, é preciso encontrar o oposto da atitude consciente"(20).

Reitera-se que o papel de mediador nas relações trabalho/capital resta aos sindicatos, uma vez que precisam até transacionar para levar uma

(18) Z. BAUMAN, *Amor líquido*. São Paulo: Zahar, 2009.

(19) H. ARENDT. *Da revolução*. Tradução de F. D. VIEIRA. Brasília: UnB, 1988.

(20) C. G. JUNG, *Amor líquido, op. cit.*, p. 68.

demanda para a Justiça do Trabalho, o que demonstra a sua relevância no sistema de contradições, idiossincrático por natureza.

Desta feita, indubitável a qualificação do inconsciente coletivo nessa relação.

3.2. Inconsciente coletivo, imposto e contribuição sindical

Deve-se trazer a ideia de que a cobrança do imposto é anterior a era comum, ou seja, podemos falar com tranquilidade em mais de 3 milênios.

Deve-se explicitar que, conforme trabalhado na primeira parte deste artigo, erroneamente, tratava-se a contribuição sindical obrigatória, como um imposto. Reitera-se que a concepção era de tributo, mas não se podia chamar de imposto, diante da sua vinculação e distribuição definida após a arrecadação.

Indubitável, também, que em nosso inconsciente coletivo há uma conexão imediata entre a figura de imposto e o Estado, salientando-se que em uma perspectiva do bem comum há uma grande incapacidade de se conectar a existência da cobrança compulsória com uma melhora na perspectiva individual de vida.

Desta maneira, na pós-modernidade líquida, momento de valoração do individualismo, externalizado na figura do empreendedor, há que se analisar a ideia disposta no inconsciente coletivo de que imposto está no arquétipo, sem nenhum benefício direto.

Sendo assim, metodologicamente, há que se apontar o tipo arquétipo gerado nesta figura, sob a premissa de Jung, definição que traz os efeitos diretos no cerne da questão.

Para tanto, voltaremos uma casa e vamos estabelecer a concepção dos arquétipos e a sua direta vinculação com a ideia de inconsciente coletivo.

Assim, deve-se pensar nos ideais imaginários que estão em figuras chaves da existência humana, estas externalizadas, por exemplo, através de mitos, mesmo atrelados a fenômenos físicos ou químicos.

Convém transcrever o autor: "Muitas vezes já me perguntaram de onde provêm esses arquétipos ou imagens primordiais. Suponho que sejam sedimentos de experiências constantemente revividas pela humanidade. Parece que a explicação não pode ser outra. Uma das experiências mais comuns e ao mesmo tempo mais impressionantes é o trajeto que o sol parece percorrer todos os dias. Enquanto o encararmos como esse processo físico conhecido, o nosso inconsciente nada nos revela a respeito. No entanto, encontramos o mito heroico do sol nas suas mais variadas versões. É este mito e não o processo físico que configura o arquétipo solar. O mesmo podemos dizer das fases da lua. O arquétipo é uma espécie de aptidão para reproduzir constantemente as mesmas ideias míticas; se não as mesmas, pelo menos parecidas. Parece, portanto, que aquilo que se impregna no inconsciente é exclusivamente a ideia da fantasia subjetiva provocada pelo processo físico"[(21)].

Assim, nesta órbita do objeto de trabalho, devemos vincular a imagem do Estado com a figura materna, está que deve ser o arquétipo mais ilustrativo possível. Tal preceito é de cunho propositał, diante da necessidade de se desvincular a figura paternalista estatal, a qual não colabora com o debate, gerando-se uma superficialidade errônea.

Constata-se que a figura materna detém uma dupla possibilidade, ou seja, pode ser a figura caridosa, protetiva, máxima de amor, o Eros possível, assim como também pode se colocar, na perspectiva do inconsciente, como aquela que é devoradora, ou seja, a figura de impedimento, barreira e geradora do ocaso.

Indubitável que, diante da perspectiva acima proposta há hoje no inconsciente coletivo o imposto como intrínseco nessa perspectiva de ausência de retorno, ou seja, o arquétipo da mãe devoradora, aquela geradora do impedimento para o crescimento pessoal.

Diante da presença do inconsciente coletivo supracitado, assim como de uma liquidez de relações, suscitando-se uma perspectiva de preponderância da possibilidade de resolução individual dos conflitos, preconizando-se uma inferioridade da multipolaridade, os sindicatos laborais deverão demonstrar criatividade, uma vez que a queda de receita gera afronta risco direto ao preceito da liberdade, fundamento máximo das relações trabalhador-sindicato, conforme disposição do art. 8º, da Constituição Federal.

(21) C. G. JUNG, *Psicologia do inconsciente*, *op. cit.*, p. 85.

E ausência de liberdade, diante da falta de possibilidade de manutenção econômica, gera, também na perspectiva de Jung, bebendo das lições de Nietzsche em seu "Ecce Homo" e "Assim Falou Zaratustra" a necessidade de autoconservação: "Não existe unicamente o instinto de conservação da espécie, existe também o de autoconservação. [39] É sem dúvida deste último instinto que Nietzsche nos fala, isto é, da vontade de poder. Para ele, tudo que existe de instintivo é decorrência da vontade de poder. Considerado do ponto de vista da psicologia sexual de Freud, isto é um erro. O adepto da psicologia sexual provará facilmente que todo o exagero, todo o heroísmo da concepção nietzscheana da vida e do mundo não passam de consequências da repressão e do desconhecimento do "instinto", isto é, do instinto considerado fundamental por essa psicologia"[(22)].

Tratamos aqui do mais básico instinto de sobrevivência, diante do utilitarismo, ou seja, a necessidade de manutenção da concepção sindical como elemento estabilizador da relação capital trabalho.

E aqui não podemos deixar a perspectiva só de um lado, ou seja, dos trabalhadores, porquanto há quem interessaria o colapso das relações laborais?

Se mencionamos que as contradições mantêm o sistema econômico ocidental dominante, indubitável que a recomposição do arquétipo se faz necessária, suscitando-se que é o elemento chave de possibilidade de alteração do inconsciente coletivo. Assim, dever-se-á criar uma nova cultura que não esteja atrelada a maternidade devoradora.

4. Conclusão

Indubitável que a ideia anterior a reforma laboral de que a contribuição se dava na perspectiva de um imposto gerou no inconsciente coletivo a perspectiva de uma imposição sem contrapartida.

Por outro lado, a recepção dos valores pelos sindicatos, também gerava no inconsciente coletivo a percepção de desnecessidade de contrapartidas, ou seja, de uma atuação mais efetiva.

---

(22) C. G. JUNG, *Psicologia do inconsciente, op. cit.*, parágrafo 39.

Inafastável a ideia da maternidade devoradora como arquétipo na proposta de Jung, vinculando a leitura social de percepção danosa da contribuição sindical.

O contexto social facilita o entendimento em apreço, diante da perspectiva pós-moderna de uma sociedade cada vez mais líquida e individualista, salientando-se que o caráter de mediação, exercido pelo sindicato, está atrelado ao preceito da solidariedade, ou seja, nítido contraponto ao que se percebe no momento atual.

Para tanto, o desenvolvimento do papel de mediação capital/trabalho sugere uma mudança de paradigma, visto que a queda de arrecadação percebida pela retirada da contribuição sindical do rol dos tributos também gera um risco ao preceito da liberdade exposto no art. 8º, da Constituição Federal, salientando-se que este princípio detém como uma de suas máximas a econômica.

Assim, resta apenas uma necessária reconfiguração do inconsciente coletivo e uma mudança do arquétipo exarado pela relação sindical com a sociedade, assim como capital e trabalho.

O Ser e o Tempo — Breves Reflexões Acerca da Redução da Jornada de Trabalho e a Responsabilidade Civil

I. Introdução

O tempo não pode ser desvinculado do ser, dependendo da sua percepção como termo ou elemento condicionante da existência.

Discute-se após a década de 1970 e o novo liberalismo econômico, como dominante, acerca dos seus mecanismos de produção e o impacto na existência, especialmente quanto a redução do tempo disponível para atividades externas ao labor, partindo-se de uma premissa aqui desenvolvida da intratemporalidade como condicionante da existência.

Desta feita, a discussão acerca das horas trabalhadas, neste modelo multitarefa, mesmo que de forma virtual, muitas vezes, nos traz vários questionamentos acerca da necessidade de uma rediscussão sobre o papel do tempo e a qualidade de vida, a sensação de bem-estar social ou, simplesmente, uma necessidade em termos existenciais.

Os mecanismos de produção se alteram no transcorrer dos anos, suscitando-se que já passamos pelo sistema taylorista/fordista, como dominante, depois percebemos a ascensão do *toyotismo* e vislumbramos os impactos de uma sociedade interconectada, não afastando as revoluções 3.0 e 4.0 nas relações de trabalho, ressaltando-se que a única condicionante de todos os meios de exploração do trabalho é o manejar do tempo.

As proteções temporais estão sempre no cerne da discussão do trabalho, com a vinculação do descanso, sob o viés de quanto tempo é possível exercitar uma atividade produtiva, períodos, jornadas, intervalos e paralisações, todas palavras que em sua essência buscam exatamente a preservação do ser.

Sendo assim, a pergunta fundante é se no contexto social atual a proteção do ser perpassa por uma necessidade de redução da jornada de trabalho e como esta proteção será eficiente, diante da gama de autosserviços e demandas que somos obrigados a cumprir ou, em verdade, se trata apenas de uma necessidade de autorregulação do capitalismo exercitado por grandes companhias, as quais determinam a capacidade do intervalo produtivo de cada um.

E na mesma frente, mas sob a perspectiva da responsabilidade civil, há previsão legal protetiva da exploração exponencial, mesmo quando dentro de uma limitação cronológica temporal, nos moldes da legislação?

Trabalharemos sob uma concepção introdutória artística, com a observação de um filme e uma série televisiva, assim como sob a perspectiva filosófica na concepção dialética do tempo em Heidegger, não se olvidando dos reflexos e propostas diretas no campo jurídico, com o objetivo de preservação do ser na intratemporalidade.

2. Arte, tempo e trabalho

Iniciamos a digressão através da menção de um filme, qual seja, Paraíso (Paradise – 2023) e da primeira temporada da série White Lotus (2021), fixando-se especialmente no campo crítico das relações de trabalho.

O objeto sempre se perfaz acerca de uma perspectiva laboral, ou seja, o tempo e a produção, como elementos fundantes de análise das obras artísticas aqui citadas.

Paraíso, nome dado à obra do diretor Boriz Kunz em português é um filme de ficção científica que detém como canal indutor uma primeira camada bastante interessante acerca da possibilidade de mercantilização do tempo de vida, ou seja, há a possibilidade de se vender um período de sua existência em favor de outra pessoa.

Nesse sentido, aquele que entrega o tempo deterá uma percepção de avanço da idade, quase que instantaneamente, enquanto o que recebe rejuvenescerá também na mesma velocidade, observando o retorno a um tempo de maior possibilidade produtiva.

O filme, como dito, não fica apenas na citada camada, passando por outras muito interessantes, especialmente na questão da crítica ao capitalismo acerca de quem deteria o controle do tempo dos seres, visto que logo no início o mercador responsável pela compra do tempo em nome de uma empresa privada está, aparentemente, em um assentamento de imigrantes, pessoas sem nenhuma perspectiva.

O filme se passa na Alemanha em um futuro não tão distópico, conforme a menção a situação dos imigrantes acima exposta, demonstrando propor a discussão da utilização do tempo e a condição de sua utilização para limitação do ser.

Outrossim, a oferta é feita às pessoas em condições de vulnerabilidade, sob premissa da possibilidade de mudança de vida da sua família, especialmente das outras gerações, ou seja, a proposta do sacrifício em nome de um bem maior.

A ideia é bastante impactante, visto que demonstra a ausência do controle do próprio tempo, em detrimento da maximização deste elemento na vida daqueles que fazem parte do entorno, situação premente na universalidade de pensamento ocidental, sob uma perspectiva da ausência de ganho sem a dor (HAN, 2011).

Nesta senda, a alegoria é perfeita conquanto o que se dispõe como o tempo de trabalho, especificamente como elemento do binômio — hora trabalhada e hora remunerada — assim como uma perspectiva de uma sociedade autorreferencial no que se convencionou chamar de modelo neoliberal combinado com a pós-modernidade, como possibilidade de melhora da condição social, especialmente daqueles que estão no entorno do ser, através da produção do outro.

Essa interconexão de exploração, como predominante nas relações humanas, mas *supercapitalizada* neste modelo econômico que domina boa parte do mundo ocidental desde meados da década de 70 do século passado está vinculada especificamente ao custo do tempo.

A citada mercantilização de algo imaterial, como exposto no filme, traz uma sequência de debates, nos campos filosófico, sociológico, ético, biológico e, especialmente, no campo jurídico.

Outra camada de grande relevância do citado filme se dá acerca da possibilidade ou não de mercantilização deste bem imaterial, nesta concepção aristotélica do tempo como ciclo do ser em ordem cronológica.

O filme traz vários elementos indicativos de que a relação temporal não se desvincula do outro, não tratando daquilo como elemento individual, suscitando-se a indicação de uma base fenomenológica baseada nos conceitos de Husserl e Heidegger.

Mencionam-se as interconexões pessoais, dentro de uma típica obra de expressionismo alemão, mesmo que em um modelo atual, apresentando a desfiguração do real como forma de interpretar subjetivamente o mundo. Os traços expressionistas encontrados no filme, especialmente na sua premissa original, retratam a natureza como refém e reflexo das angústias e terrores do homem na questão de maior relevância na sociedade pós-moderna, qual seja, o tempo e quem ou como se conduz ele, assim como o que e como se produz no citado ínterim.

Já a série White Lotus, diferentemente do filme citado, não traz um elemento central na ficção, e sim uma gama ampla de críticas ao modelo econômico dominante. Em verdade, também está atrelada a condição e exploração do ser, utilizando o mecanismo tempo, como potencial indutor, e não, à primeira vista, redutor.

O primeiro episódio detém grande riqueza na perspectiva da relação laboral, uma vez que o gerente, protagonizado pelo ator australiano Murray Bartlett, insere-se nesta perspectiva de transmutação entre explorador e explorado do tempo, na realidade da sociedade pós-moderna.

O citado episódio inaugural da série traz o gerente como o condutor--indutor das relações com os clientes do hotel da rede "White Lotus", este muito luxuoso, situado em uma ilha paradisíaca no Havaí.

O gerente, como elemento da organização do trabalho, também é responsável direto pelas relações com seus subordinados, indicando de forma bastante conflituosa os mecanismos de exploração.

Indubitável que, em um primeiro momento, não há percepção de como ele mesmo é o explorado, na figura de uma ordem de subordinação estrutural, dentro de uma grande corporação, visto que não se apresenta, ao menos no início da série, qual seria o seu superior hierárquico direto.

Denota-se a crise de identificação no personagem, decorrente de uma subordinação impessoal, mas sim para um grande conglomerado empresarial, o qual traz um debate ético, especialmente quando o gerente não percebe que uma de suas funcionárias estava grávida.

O transcurso do episódio vai demonstrando como o tempo destinado a valoração de discussões micro existenciais dos hóspedes vai sugando o personagem representativo deste ideal de conexão temporal com a relação explorador/explorado, gerando a ausência de perspectiva da condição do ser daquela que estava grávida e necessitava do mínimo de atenção, reflexão, inclusive na parte final do citado episódio.

A justificativa para a ausência de informação pela funcionária é genial, sob uma perspectiva também estrutural machista, porquanto ela não contou que já estava grávida ao aceitar o emprego, exatamente sob uma ausência de preservação do tempo entre mãe e filho, no modelo estadunidense das relações laborais, uma vez que inexiste qualquer possibilidade de afastamento das atividades produtivas no período inicial, após o nascimento.

A riqueza instrumental sob a citada perspectiva do ser, tempo e relação laboral nas obras artísticas possui gamas interpretativas de uma profundidade pouco vista, suscitando o critério de discussão do qual partiremos em um segundo enquadramento, qual seja, o aspecto filosófico, estruturante da discussão efetiva do condicionamento laboral posterior.

3. O ser e o tempo como reflexão no trabalho

3.1. O ser

Indubitável que se permeia a humanidade, ao menos desde a concepção filosófica da Grécia antiga, a relação do ser e sua individualização ou não, vinculada ao tempo.

Salienta-se que partiremos de o pressuposto de elucubração contido na obra Ser e Tempo (HEIDEGGER, 2015), assim como textos posteriores na questão de ponto de partida da crise do ser, baseado na circunscrição temporal, assim como nos elementos intertemporais que permeiam a existência, está que na concepção do autor precede a essência, conceito que ficou mais difundido na perspectiva existencialista-humanista (SARTRE, 2014).

O trabalho, no modelo de organização capitalista, pode ser visto como angústia, sob a perspectiva *heideggeriana*, uma vez o termo deve ser utilizado para o enfrentamento do nada. Essa presunção pode ser avalizada por um aspecto sociocultural de necessidade de uma manutenção ativa, seja corpórea ou intelectual.

Partimos, portanto, de uma análise da concepção exposta na obra Ser e Tempo (*op. cit.*), sob uma perspectiva das relações laborais.

Podemos entender que aquele que trabalha é o ente, e não o ser? Ou o trabalho estaria no que se predica, no cerne da existência.

Neste ponto, devemos destacar a divisão fundamental acerca do ser, com a distância do ente.

A proposta de Heidegger quando discutimos o ser é recuperar a sua pergunta fundamental. Tal exteriorização advém dos sete parágrafos iniciais da obra norteadora desta concepção (*op. cit.*).

E aqui tratamos o ser na sua universalidade, ou seja, região superior do ente. Heidegger, de plano, condiciona que não podemos pensar o ser como uma universalidade genérica, visto que ser não é um gênero.

Nessa linha o filósofo alemão sustenta uma ideia da diferença ontológica, conquanto o ser não é o ente. Ente é tudo aquilo que é, a respeito de tudo que pode predicar o verbo ser.

Ser não é algo que é, mas sim distinto. É algo que faz ser. Salienta-se que essa diferença ontológica passou inadvertida por toda história da filosofia, salientando-se se tratar do grande descobrimento de Heidegger.

E se tratamos de um aspecto do ser sob esse preceito, como não vincular ao trabalho e seu utilitarismo, especialmente na sociedade pós-moderna. Estamos tratando de um predicado de qualificação, de uma *entificação* ou de uma implicação direta na essência?

Para definir algo, aqui mencionamos que isso se daria somente aos entes, porquanto quando definimos algo há um processo de "entificação".

Não se pode dizer ser é, pois não se pode convertê-lo em ente. Há uma vinculação, no entendimento, como um afastamento da lógica cartesiana, porquanto se entende que a razão é inimiga do ser e do pensar, afastando-se de um pensar binário.

E aqui incidimos em uma questão de fundamental relevância acerca do conflito entre o nada e do quanto necessitamos para viver.

A implicação direta é no tempo, ou seja, quanto tempo necessitamos para termos todas as utilidades desejadas e veja-se que Heidegger propõe o termo utilidade como a finalidade não lógica, porquanto inexiste um fim em si mesmo na utilidade ao tratamos de uma coisa.

O desenvolvimento racional, dentro de uma concepção niilista, com o alinhamento de crítica a Kierkgaard, traz o raciocínio de que não se pode formalizar, logicamente, o nada, ou seja, não se pode dizer nada é.

Tal situação ocorre no plano lógico e, também, no plano ontológico — pré-existente. Se eu experimento o nada, dentro deste conceito, nada ocorre.

Heidegger, retoma a valorização da experiência no conceito de angústia (KIERKGAARD, 2013), porquanto quando experimento a citada angústia eu me encontro, em um primeiro plano, com nada.

Registra-se, de plano, que a pontuação do nada se dá em um espectro totalmente distinto daquele ócio defendido pela concepção Aristotélica, com desenvolvedora do intelecto.

E, de plano, cabe o contraponto dialético desse mecanismo de abertura heideggeriana através do nada, na medida em que "Creio que você estaria de acordo sobre o princípio bastante geral que a ausência possui uma eficácia, com a condição, compreenda-se bem, de que esta não seja a ausência em geral, o nada, ou não importa qual outra "abertura" heideggeriana, mas uma ausência determinada, desempenhando um papel no lugar de sua ausência" (MASCARO & MORFINO, 2020, p. 56-57, *apud* ALTHUSSER, 1966, p. 90).

E aqui temos um ponto fundante, qual seja, o ser é um conceito evidente por si mesmo. O ser está implícito em todo enunciado e em todo comportamento dos entes.

Avançando na concepção aqui exposta, parecendo um racionamento circular, mas em verdade dentro de uma concepção espiral hegeliana, a pergunta é pelo sentido do ser. O sentido tem um término fenomenológico, o qual gera uma ruptura de como o ser se dá, como o vivenciamos, como aparece, como fenômeno em si do ser, assim como se experimenta.

Nesse sentido: "Para ele, existir é interpretar-se. E interpretar-se é questionar-se. Porém no questionar-se está em jogo a questão do ser. Por isso, insiste Heidegger em dizer-nos que este ente que nós mesmos somos, o *Dasein*, é aquele que, em virtude de seu próprio ser, tem a possibilidade de colocar questões" (NUNES, 2002, p. 14).

Fundante o ser como fenômeno que se mostra e se materializa, suscitando-se as condições de possibilidade da demonstração do ser. Aqui a complementação não poderia ser mais adequada à reflexão proposta por este trabalho, quando Heidegger trabalha com o tempo.

O sentido é o horizonte onde se mostra o ser de modo originário. O ser somente pode ser descrito na sua forma de temporalizar-se.

Neste campo, o ser não é uma ideia que se subtraia do tempo e há uma nítida distinção da concepção de Platão na qual as ideias não estão sujeitas à temporalidade.

Não se pode deixar de mencionar o encontro exatamente com a capacidade de autorreferencialidade, humanista e moderna, assim como um ponto de clivagem entre o que são utensílios, objetos à mão, passíveis de serem utilizados e o que qualifica o ser, pois o que se perfaz para uso não depende de uma atitude teórica.

De plano, Heidegger desafia a concepção de Kant conquanto a coisa em si mesmo não poderia ser percebida, mas apenas uma representação dela, visto que ao dispor que o fenômeno tem de ser algo em si mesmo, não podendo ser figura de representação, suscitando-se, portanto, dentro do objeto de análise o trabalho e suas implicações.

Emmanuel Lévinas (*op. cit.*) traz um aclaramento de fundamental relevância a essa concepção ao dispor o ser como modalidade de verbo, não se deixando pensar de modo estático, como uma substância, ou seja, está diretamente ligado com o verbo acontecer.

A leitura óbvia é de que o acontecer traz a ideia de intratemporalidade exegese da concepção, porquanto se dará no tempo das coisas que são, trazendo impessoalidade com a exteriorização por algo anterior a toda a citada estrutura, visto que se usa a concepção daquilo que se dá.

Para aclarar a concepção, suscita-se a seguinte situação prática. Quando estamos em uma bicicleta sabemos para o que serve, ou seja, incorporamos nossos movimentos ao andar nela e expandimos a dimensão de nosso corpo, através do espaço que temos em conjunto com o objeto. A análise fundante se dá quando passamos entre dois objetos e estamos sobre a bicicleta, salientando-se que já temos a noção espacial incorporada, o que se chama da fenomenologia da percepção.

Então através da fenomenologia da percepção, dentro do sistema em que vivemos, este pós-moderno e autorreferencial, sob uma premissa global da necessidade do esforço contínuo e de que o ganho só se dá através de mais tempo de trabalho, gera-se uma prerrogativa de ser no mundo ou, melhor, quanto a estar no mundo.

O preceito *heideggeriano* (*op. cit.*), uma vez que vivemos, em sua ótica, sob o domínio dos outros, dar-se-á através da personalização, a qual se forma de modo impróprio, sob a citada hierarquia dominante, gerando-se uma existência imprópria, sugerindo-se o alcance de uma existência própria, propondo-se a ruptura com o ser impróprio, a qual advém da angústia, porquanto não pensamos exclusivamente na finitude da vida, ou seja, ser para a morte.

Não se pode pensar como um fato, mas dentro da possibilidade que somos. Deixar de viver sob a existência imprópria, visto que a compreensão é fundante para o poder ser, uma vez que não estamos determinados. A existência prescinde a essência, visto que as coisas se apresentam com um sentido.

E o ponto é que se somos possibilidade não estamos determinados, mas o que nos determina e nos condiciona hoje é exatamente a necessidade, dentro de uma temporalidade, do maior acúmulo possível de utensílios, em um enquadramento de possibilidades elencadas por determinantes e condicionantes externas ao ser, com a finalidade de que essas aquisições sejam atingidas no menor tempo possível.

A premissa fundante é que inexiste o ser sem a percepção temporal.

E a questão fundante aqui proposta é de quanto se precisa, no aspecto temporal, para que haja, efetivamente, um autoconhecimento e um desenvolvimento sob a citada perspectiva.

3.2. Concepções do tempo

O tempo, antes da concepção fenomenológica aqui utilizada, como apoio do ser, sempre esteve em discussão em várias frentes do conhecimento humano.

Para Platão, enquanto o espaço, no Timeu, é a base de toda a matéria, e uma estrutura que existe por si, o tempo seria uma característica da ordem visível das coisas, tendo sido criado junto com o universo e o movimento (PLAT. *Tim e Cri.* 48e-51e). Assim, há uma associação da ideia de tempo à mudança.

Para Aristóteles, o tempo se denota pela mudança, em si, o que gera a consciência do tempo. Essa consciência viria justamente pela percepção do antes e do depois na mudança, compreendendo-se o tempo como o número do movimento com relação ao antes e depois, salientando que o tempo é contínuo e infinito.

Nos dizeres de Martins (2004): "Para Plotino, cujo pensamento influenciou Santo Agostinho e outros teólogos cristãos posteriores, há três tempos: o presente atual, que na verdade já pertence ao passado, o presente do passado, que se chama memória, e o presente do futuro, apenas imaginado por nossa esperança ou nosso medo (BORGES, 1980, p. 95)" (MARTINS, 2004, p. 66).

Mais uma vez nos valemos dos ensinamentos de Martins (2004), para o qual segundo o pensamento de Agostinho, "a medida do tempo teria como base a atividade da mente, e não o movimento dos astros ou a alma do mundo (como para Plotino). Afirma que as lembranças passadas deixam vestígios em nosso espírito e a memória evoca essas visões no presente. Da mesma forma, as visões futuras são prognósticos de coisas presentes que já existem, não existindo de fato. O nosso espírito mede os tempos, sendo capaz de realizar uma 'distensão' em direção ao futuro (pela antecipação) e ao passado (pela memória)" (MARTINS, *op. cit.*, p. 67).

Retomando Heidegger, é fundamental o entendimento de que: "Mas o *Dasein* só retrovém (passado) advindo (futuro) a si; e porque retrovém ao advir, é que gera o presente. Aí temos o movimento extático — o fora de si em si e para si mesmo da existência — que se chama de temporalidade. Cada um desses componentes é um êxtase, fundando um membro da estrutura do cuidado: o advir ao poder-ser, o retrovir ao ser lançado, o apresentar ao estar junto aos entes. Nesse movimento tríplice, ocorre um desclausuramento da subjetividade" (NUNES, *op. cit.*, p. 23).

Desclausurar a subjetividade, sem dúvida, é a plenitude da existência, assim o ser é o passado sem deixar de ser presente. E no presente está comprimido o passado; como no passado antecipa-se o futuro.

Dessa maneira, "O tempo originário é finito e assegura a gênese do ser do *Dasein* e da existência cotidiana. A temporalidade imprópria tende à infinitude. Ela se estende aos entes intramundanos através do 'presente', como se deles se originasse. Chama-se, por esse motivo, intratemporal" (NUNES, *op. cit.*, p. 24).

E a dominância pública do medidor converte a contagem numa sucessão de "agora" independentes e o tempo contado passa a ser um curso temporal objetivo.

No entanto, é preciso não esquecer que o intratemporal deriva da temporalidade. Mas ao derivar da temporalidade, o intratemporal modifica-lhe a ordenação dos êxtases, pondo na dianteira o presente em função das coisas ou objetos na direção dos quais se temporaliza. A primazia do presente se traduz no efeito de nivelação dos "agora", identificados ao instrumento medidor, digamos os ponteiros do relógio.

Nesse sentido: "A primeira implicação da temporalidade heideggeriana é o abalo na representação aristotélica do tempo, preponderante na moderna filosofia da história. A finitude, sobrelevando-se à infinitude do tempo linear, atingirá ainda — segunda implicação — a ideia hegeliana da história universal como saber reflexivo do desenvolvimento da humanidade. O conhecimento histórico, possibilitado pelo tempo, não pode sintetizar senão o processo que o historiador alcança discernir através da perspectiva de sua época e de sua sociedade" (NUNES, *op. cit.*, p. 28).

4. A jornada de trabalho como elemento do ser no tempo

4.1. Sociedade e a valoração do trabalho

Indubitável que a concepção de sociedade detém como mecanismo de valoração o trabalho.

Independentemente do regime econômico que se adote, assim como de qual finalidade se atinja, o trabalho sempre, teoricamente, desenvolve-se no tempo como uma necessidade de melhora do bem comum.

E aqui cabe, de plano, uma percepção de que diante da sociedade atual, objeto de uma gama múltipla de ofertas, há um aumento da necessidade de acumulação de bens, como uma perspectiva de melhora na condição de vida, gerando-se uma proporcionalidade, diria, em verdade, uma vinculação direta, entre a capacidade de aquisição e de disposição dos bens, com o sucesso pessoal e profissional.

Isto posto, temos a falsa simetria, qual seja, maior quantidade de trabalho desenvolvido e melhora na acumulação de possibilidades e poder de compra, com uma melhora na qualidade de vida.

Indubitável que, a discussão acerca do tempo e trabalho não está exatamente como uma discussão nova. Na filosofia clássica, especialmente para Aristóteles, o ócio não era algo que permitia ao homem continuar trabalhando, mas sim um fim em si mesmo (daí seu caráter autotélico), o que remeteria à meta e à causa de uma vida feliz. Isso faz do ócio um âmbito de autonomia, aqui diferenciado do trabalho, inclusive.

Heiddeger trouxe o conceito de divisão do tédio em contraposição a intratemporalidade, com a finalidade de fazer a distinção direta da sensação para a essência. Nesse sentido: "Há três espécies de tédio, sendo duas superficiais, que despontam de situações particulares, e uma terceira, dita profunda, que provém do fundo temporal do *Dasein*. A situação particular da primeira é a expectativa de um evento certo, de ocorrência incerta; procuro distrair-me para deter o tempo, com o que preencho o esvaziamento que me atinge. A situação da segunda é o esquecimento do tempo; esvazia-se-nos o eu. Do tédio profundo disse Leopardi que pode ser 'a mais estéril das paixões humanas' e a mais fecunda. Os animais não o conhecem, ao contrário do homem. Os entes continuam aí mas sob o foco de uma 'indiferenciação espantosa'. O correlato do tédio é essa recusa da parte dos entes. O que o torna possível — o horizonte do tempo — é o que também possibilita o *Dasein*" (NUNES, *op. cit.*, p. 19).

O ponto fundante é que diante dessa necessidade de uma sensação de acumulação de utilidades, utilizando-se a perspectiva das entificações de Heidegger, com um número indeterminado de objetos, diante do avanço tecnológico, bagunça-se o conceito de tempo destinado a outras atividades, desvinculadas diretamente da atividade laboral.

Não é só o tempo hoje, mas sim o tempo destinado ao exercício de uma atividade não utilitarista.

E aqui, como já explanado anteriormente, estamos no campo da fenomenologia, no qual a percepção já justifica a existência do fenômeno, ou seja, não há necessidade de identificar a causa. "Longe do plano contemplativo, o mundo que Heidegger focaliza preliminarmente, o mundo circundante, intercambia, na práxis cotidiana, as dimensões da vida ativa, o prático da ação, ao poético do produzir e do fabricar" (NUNES, *op. cit.*, p. 16).

Nesse sentido, a perspectiva aqui adotada é deste preceito, quando desenvolvemos a questão da jornada de trabalho, em si, uma vez que há um consenso histórico onde o trabalho permeia a evolução, com variações acerca da forma de sua exploração, desde aquela sem contrapartidas, como o regime escravista, até aquelas onde haveria um regime de exploração do trabalho, conceitualmente, como mecanismo de igualdade.

Aliás, Althusser é bastante assertivo quanto a indicação do trabalho humano como sujeito, dialogando com a concepção de Heidegger, especialmente quando faz a menção dos três requisitos condicionantes do ser, na medida em que "Essência do Homem = trabalho (ou trabalho social) = criação do Homem pelo Homem = Homem Sujeito da História = História como processo tendo o Homem (ou o trabalho humano) como Sujeito". (MASCARO & MORFINO, *op. cit.*, p. 54).

Para tanto, sempre é necessário se discorrer acerca do tempo despendido em favor ou a favor do trabalho. Reitera-se, partindo de uma concepção fenomenológica, a qual a exploração da atividade de um pelo outro está intrínseco à humanidade, visto que o trabalho prescinde a essência, podendo maximizá-la, tratando-se de um fenômeno que se mostra e se materializa.

4.2. Jornada de trabalho na pós-modernidade

Partimos de um pressuposto de definição jurídica no sentido de que Direito é linguagem e se a linguagem é insuficiente para dizer não se pode negar a experiência forjada sem a linguagem. O nada ocorre, através do que se coloca no limite da linguagem.

Nas lições de Mocelin (2001): "A expressão 'jornada de trabalho' refere-se ao tempo despendido com o trabalho remunerado executado pelo trabalhador para um empregador, mediante um contrato regular de prestação de serviço, que pode ser o tempo diário, semanal, mensal ou anual. Contudo, ao tratar sobre o tema da redução da jornada de trabalho, deve-se estar atento ao conceito de trabalho que está em jogo nesta expressão. Em geral, quando se trata da redução da jornada de trabalho, não se está falando no trabalho em seu sentido antropológico ou genérico, como práxis criativa, no sentido empregado por Marx em seus escritos de juventude" (MOCELIN, 2001, p. 102).

Para se chegar a uma concepção moderna, faz-se necessário mencionar o conceito atrelado ao modernismo, movimento anterior ao atual pós-modernismo, no qual se discutia e já criticava sobre a racionalidade econômica que governaria as relações sociais após a revolução industrial, ou seja, a relação contratual, seja no seu elemento tácito ou explícito, o emprego ou a ocupação.

A concepção acima exposta dá-se inter partes, objeto desta análise, não se podendo deixar de interpretar o megacapitalismo das grandes corporações, como mecanismo de norte paralelo das relações: "A materialidade do Estado capitalista, seus antagonismos e conflitos com as classes burguesas e em face das lutas de classes mostram que, desde o século XIX até hoje, o encontro entre relações de produção, forças produtivas e estruturas e formas daí correspondentes não é necessariamente o mais completo ou eficiente. É verdade que, com o estabelecimento do modo de produção capitalista, a marcha da acumulação a tudo e todos domina, de tal sorte que a determinação e a coerção das formas se apresentam, mas tal processo é atravessado por contradições, antagonismos e lutas" (MASCARO & MORFINO, p. 25).

Rafael Valim (2017) sustenta com correção que "Ainda que esse processo seja universal, seus efeitos são muito díspares entre os países do centro e da periferia. Como diz Wolfgang Streeck, o capital financeiro tende a incorporar uma espécie de 'segunda soberania', infensa aos controles democráticos em todo lugar. Um de seus principais mecanismos é a dívida pública. Atender ao serviço da dívida passa a estar acima da noção de representação política. O 'mercado' em abstrato passa a determinar, em grande medida, a política econômica antes privilégio do Estado soberano. A demanda pela 'independência' do Banco Central nada mais é que a demanda por sua dependência ao capital financeiro internacional" (VALIM, 2017, p. 4).

E, fundamental, a percepção das grandes corporações quanto à necessidade de sua responsabilidade, deixando de lado os requisitos clássicos aristotélicos ou a própria definição mais atualizada, por meio da análise econômica do direito, especialmente com a preconização de uma proclamada necessidade de resposta rápida à sociedade, nesta era de cobranças através de redes sociais, decorrentes da interconectividade.

Aliás, esse controle aparenta ser um dos únicos freios ao processo das *big techs* em detrimento do ser.

5. Redução da jornada laboral — Reflexões

5.1. Dados introdutórios

Diante da concepção exposta, sob o viés da produtividade, precisamos discutir a sua vertente e seu objeto, dentro da citada concepção do ser, visto a necessária temporalidade para nossa existência, salientando a necessidade da experiência, com o máximo aproveitamento possível da vida, no aspecto cronológico.

Há que se salientar que a produtividade, *a priori,* não é atingida por uma redução da jornada laboral. Nesse sentido, pesquisa realizada pelo Instituto *Autonomy* (entre junho e dezembro de 2022) buscou reduzir a jornada de trabalho para uma semana de quatro dias trabalhados, ou seja, os funcionários das empresas que participaram do teste ganharam um dia a mais de folga na semana. Após o fim do estudo, foi revelado que 92% das empresas participantes decidiram manter a jornada de trabalho reduzida(1).

A mesma pesquisa apontou ganhos no aspecto qualitativo, com vários ganhos na segurança do trabalho e na saúde dos trabalhadores. Tal pesquisa também revelou uma melhora na saúde mental dos funcionários, com redução de casos de estresse e *Burnout*, por exemplo, o que se alinha perfeitamente ao grande problema moderno nas relações pós-modernas, ou seja, a preservação da saúde mental(2).

Ironicamente, a mesma pesquisa trouxe uma grande desvantagem para essa concepção da superexploração, porquanto suscita um aumento no custo da operação, diminuindo a competitividade frente àquelas que adotam o regime de jornada normal.

---

(1) CAPELA, Filipe. Pesquisa inglesa mostra que redução da jornada de trabalho não afeta produtividade. *Jornal da USP*, São Paulo, 24 maio 2023. Disponível em: https://jornal.usp.br/campus-ribeirao-preto/pesquisa-inglesa-mostra-que-reducao-da-jornada-de-trabalho-nao-afeta-produtividade/. Acesso em: 04 set. 2023.

(2) Além do Brasil e Inglaterra, países como Espanha, França e Japão já debatem o tema. Na Espanha há uma proposta para reformular a dinâmica de trabalho tradicional e adotar uma semana de quatro dias trabalhados. Além desses, segundo a ONU, países como Holanda, Dinamarca e Alemanha já trabalham, em média, menos de 32 horas semanais. (*op. cit.*)

O Brasil também inicia experimentos na questão, através das empresas: "Soma, central de serviços compartilhados do grupo Dreamers (do qual fazem parte a agência Artplan e o Rock In Rio), as editoras Mol e Ab Aeterno, a Casa dos Parafusos e a Alimentare estão entre as companhias anunciadas nesta quarta (30) pela 4 Day Week, organização que desde 2019 avalia novos modelos de trabalho e produtividade, e pela Reconnect Happiness at Work (parceira do projeto no Brasil), em São Paulo"(3).

Segundo a mesma matéria, oficialmente, 20 (vinte) companhias, que somam 400 (quatrocentos) funcionários estão confirmadas no projeto piloto.

A questão da redução da competitividade aposta que poderia deter uma minoração de problemas com a fixação da nova jornada através de legislação.

Nesse sentido, em nossa América Latina, o Chile é pioneiro com a instituição da redução através de Lei aprovada aos 11 de abril de 2023.

No modelo, haverá um escalonamento de horas de redução até se chegar a 40 (quarenta) horas, em 2028, com a possibilidade de adoção de regime 4x3 ou a retirada progressiva das horas diárias trabalhadas, salientando que o regime atual é de 45 (quarenta e cinco) horas semanais trabalhadas(4).

No Brasil, a discussão acerca da legislação também já detém no Congresso mais de uma proposta para reduzir a jornada de trabalho no País. A primeira é datada de 1998, salientando que a proposta exigia a redução da jornada de trabalho semanal para, no máximo, seis horas diárias e proibia a redução dos salários. Já a segunda, apresentada em 2019 pelo deputado Reginaldo Lopes (PT-MG), defende a redução da jornada de trabalho para, no máximo, 36 horas semanais.

---

(3) BRIGATTI, Fernanda. Veja as empresas que terão semana de quatro dias de trabalho no Brasil. *Folha de S. Paulo*, São Paulo, 30 ago. 2023. Disponível em: https://folha.com/phefa9g0. Acesso em: 04 set. 2023.

(4) GOBIERNO DEL CHILE. ¡40 Horas será ley!: Conozca los detalles del proyecto impulsado por el Gobierno y que fue despachado por el Congreso. *Gobierno Del Chile*, Chile, 12 abr. 2023. Disponível em: https://www.gob.cl/noticias/40-horas-es-ley-conozca-los-detalles-del-proyecto-impulsado-por-el-gobierno/. Acesso em: 22 ago. 2023.

5.2. Reflexões sob a concepção da redução da jornada

O ponto aqui é se a redução da jornada dá, efetivamente, sob uma premissa de melhora da qualidade de vida dos trabalhadores ou é, mais uma vez, uma necessidade do sistema no atual modelo capitalista de, não longe do tratado no filme Paraíso, reinventar-se, através do sujeito-objeto.

Nesse sentido, é preceito da citada redução a exigência da mesma produção em menos tempo, olvidando-se das atividades exteriores, uma vez que como dito, o volume de utensílios disponíveis e da tecnologia majora o dia utilitário do trabalhador, destinado a uma gama imensa de atividades.

Nessa senda, a acessibilidade tem efeito dúplice, por exemplo, antes tínhamos uma pessoa para nos fornecer ao menos ajuda na escolha do filme, nos serviços bancários, entre outros elementos, agora vivemos a era da necessidade de atenção e cumprimento pessoal dessas demandas — a era do autosserviço.

O volume de utensílios e necessidades colocadas à disposição do ser são inúmeros, sob o preceito do binômio aquisição-conquista, o que gera uma majoração das citadas atividades.

Se por um lado o desenvolvimento tecnológico do utensílio facilita a atividade em si, a gama das atividades aumenta exponencialmente com o tempo em um ciclo retroalimentar dos citados utensílios.

O ponto fundante da redução da jornada é se o objetivo é de que se respeite um maior tempo de atividades de lazer, tornando macro a concepção do ser, especialmente pela maior disponibilidade, também, para o exercício da intratemporalidade na concepção *heideggeriana* ou estamos diante de mais um "cavalo de troia", no sentido de uma percepção, apenas ilusória, da necessidade de se responder aparentemente o avanço do citado sistema, com a finalidade, em verdade, de sua manutenção com o nível de exploração em nítida majoração.

6. Responsabilidade civil e a jornada laboral

Sob uma perspectiva de que a ausência de regulação jurídica sancionadora não pode ser esquiva para a inércia de eventuais medidas judiciais interpretativas, deve-se analisar se haveria hoje, sem legislação específica de redução de jornada, algum mecanismo jurídico que pudesse minorar os efeitos da superexploração das atividades, mesmo dentro de uma limitação legal da jornada.

A resposta deve se encontrar no instituto da Responsabilidade Civil, mas esta deve ser percebeida sob um viés distinto da atual aplicação em nossos ordenamentos.

Para tanto, trazemos uma concepção de Michel Foucault (2022) ao elencar a comunicação luhmanniana, através da palavra *autopoiesis,* que se refere a um sistema autopoiético, definido como rede de produção de componentes e estruturas. Como emissor da própria comunicação, opera, por isso mesmo, de forma autorreferencial. Implica autorganização: elementos produzidos no mesmo sistema. Decorre da auto-organização da natureza e da sua comunicação com o seu ambiente, como se fossem células do corpo autorregenerado (FOUCAULT, 2022).

Foucault continua sua digressão de reinvenção, quando afirma que a *autopoiese* foi utilizada no campo do direito pela teoria dos sistemas para resolver o fundamental problema de delimitar externamente o sistema, este normativo-ideológico, nos confrontos do seu ambiente, sem excluir a própria capacidade de introduzir ao seu interno mudanças que assegurem a sua sobrevivência. Em particular, a teoria dos sistemas considera o sistema jurídico apto a gerir as relações entre os próprios elementos com diversos níveis de complexidade do ambiente e da específica normatividade capaz de atingir níveis de generalizações superiores aos dos outros sistemas normativos.

Já tratei do tema em outros momentos, mas creio ser de grande necessidade a definição acima como canal indutor de uma implementação mais interconectada do Direito com uma maior velocidade das mudanças sociais.

Assim, há regulação no campo do ordenamento laboral do Brasil para a o dano extrapatrimonial, decorrente do atentado à existência — concebendo-se o dano existencial, aquele que gera a exploração da atividade utilitária direta do trabalhador, pelo empregador, em período longo do dia e da semana, superior aos limites legais.

A previsão legal se extrai de uma combinação de artigos constitucionais e infraconstitucionais, quais sejam: art. 6º, da CRFB/88[(5)]; arts. 186[(6)] e 927[(7)], do Código Civil e art. 223-A até o art. 223-G[(8)], da Consolidação das Leis do Trabalho.

---

(5) Art. 6º São direitos sociais a educação, a saúde, a alimentação, o trabalho, a moradia, o transporte, o lazer, a segurança, a previdência social, a proteção à maternidade e à infância, a assistência aos desamparados, na forma desta Constituição. (Redação dada pela Emenda Constitucional n. 90, de 2015)

Parágrafo único. Todo brasileiro em situação de vulnerabilidade social terá direito a uma renda básica familiar, garantida pelo poder público em programa permanente de transferência de renda, cujas normas e requisitos de acesso serão determinados em lei, observada a legislação fiscal e orçamentária (Incluído pela Emenda Constitucional n. 114, de 2021)

(6) Art. 186. Aquele que, por ação ou omissão voluntária, negligência ou imprudência, violar direito e causar dano a outrem, ainda que exclusivamente moral, comete ato ilícito.

(7) Art. 927. Aquele que, por ato ilícito (arts. 186 e 187), causar dano a outrem, fica obrigado a repará-lo.

Parágrafo único. Haverá obrigação de reparar o dano, independentemente de culpa, nos casos especificados em lei, ou quando a atividade normalmente desenvolvida pelo autor do dano implicar, por sua natureza, risco para os direitos de outrem.

(8) Art. 223-A. Aplicam-se à reparação de danos de natureza extrapatrimonial decorrentes da relação de trabalho apenas os dispositivos deste Título. *(Incluído pela Lei n.13.467, de 2017) (*Vide *ADI 6050) (*Vide *ADI 6069) (*Vide *ADI 6082)*

Art. 223-B. Causa dano de natureza extrapatrimonial a ação ou omissão que ofenda a esfera moral ou existencial da pessoa física ou jurídica, as quais são as titulares exclusivas do direito à reparação. *(Incluído pela Lei n.13.467, de 2017) (*Vide *ADI 6050) (*Vide *ADI 6069) (*Vide *ADI 6082)*

Art. 223-C. A honra, a imagem, a intimidade, a liberdade de ação, a autoestima, a sexualidade, a saúde, o lazer e a integridade física são os bens juridicamente tutelados inerentes à pessoa física. *(Incluído pela Lei n.13.467, de 2017)*

Art. 223-C. A honra, a imagem, a intimidade, a liberdade de ação, a autoestima, a sexualidade, a saúde, o lazer e a integridade física são os bens juridicamente tutelados inerentes à pessoa física. *(Incluído pela Lei n.13.467, de 2017)*

Art. 223-D. A imagem, a marca, o nome, o segredo empresarial e o sigilo da correspondência são bens juridicamente tutelados inerentes à pessoa jurídica. *(Incluído pela Lei n.13.467, de 2017)*

Art. 223-E. São responsáveis pelo dano extrapatrimonial todos os que tenham colaborado para a ofensa ao bem jurídico tutelado, na proporção da ação ou da omissão. *(Incluído pela Lei n.13.467, de 2017)*

Art. 223-F. A reparação por danos extrapatrimoniais pode ser pedida cumulativamente com a indenização por danos materiais decorrentes do mesmo ato lesivo. *(Incluído pela Lei n.13.467, de 2017)*

§ 1º Se houver cumulação de pedidos, o juízo, ao proferir a decisão, discriminará os valores das indenizações a título de danos patrimoniais e das reparações por danos de natureza extrapatrimonial. *(Incluído pela Lei n.13.467, de 2017)*

Sendo assim, a proteção, como dito, detém por base a violação do projeto de vida, com origem no Direito Civil Italiano (ALMEIDA NETO, 2015).

A questão aqui tratada é, como dito, se é possível se configurar o citado dano extrapatrimonial, quando não houver a transposição da jornada de trabalho por si só, ou seja, inexistir trabalho por mais de oito horas diárias e quarenta e quatro horas semanais, por exemplo, limites previstos na lei

---

§ 2º A composição das perdas e danos, assim compreendidos os lucros cessantes e os danos emergentes, não interfere na avaliação dos danos extrapatrimoniais. *(Incluído pela Lei n.13.467, de 2017)*

Art. 223-G. Ao apreciar o pedido, o juízo considerará: *(Incluído pela Lei n.13.467, de 2017) (Vide ADI 6050) (Vide ADI 6069) (Vide ADI 6082)*

I – a natureza do bem jurídico tutelado; *(Incluído pela Lei n.13.467, de 2017)*

II – a intensidade do sofrimento ou da humilhação; *(Incluído pela Lei n.13.467, de 2017)*

III – a possibilidade de superação física ou psicológica; *(Incluído pela Lei n.13.467, de 2017)*

IV – os reflexos pessoais e sociais da ação ou da omissão; *(Incluído pela Lei n.13.467, de 2017)*

V – a extensão e a duração dos efeitos da ofensa; *(Incluído pela Lei n.13.467, de 2017)*

VI – as condições em que ocorreu a ofensa ou o prejuízo moral; *(Incluído pela Lei n.13.467, de 2017)*

VII – o grau de dolo ou culpa; *(Incluído pela Lei n.13.467, de 2017)*

VIII – a ocorrência de retratação espontânea; *(Incluído pela Lei n.13.467, de 2017)*

IX – o esforço efetivo para minimizar a ofensa; *(Incluído pela Lei n.13.467, de 2017)*

X – o perdão, tácito ou expresso; *(Incluído pela Lei n.13.467, de 2017)*

XI – a situação social e econômica das partes envolvidas; *(Incluído pela Lei n.13.467, de 2017)*

XII – o grau de publicidade da ofensa. *(Incluído pela Lei n.13.467, de 2017)*

§ 1º Se julgar procedente o pedido, o juízo fixará a indenização a ser paga, a cada um dos ofendidos, em um dos seguintes parâmetros, vedada a acumulação: *(Incluído pela Lei n.13.467, de 2017)*

I – ofensa de natureza leve, até três vezes o último salário contratual do ofendido; *(Incluído pela Lei n.13.467, de 2017)*

II – ofensa de natureza média, até cinco vezes o último salário contratual do ofendido; *(Incluído pela Lei n.13.467, de 2017)*

III – ofensa de natureza grave, até vinte vezes o último salário contratual do ofendido; *(Incluído pela Lei n.13.467, de 2017)*

IV – ofensa de natureza gravíssima, até cinquenta vezes o último salário contratual do ofendido. *(Incluído pela Lei n.13.467, de 2017)*

§ 2º Se o ofendido for pessoa jurídica, a indenização será fixada com observância dos mesmos parâmetros estabelecidos no § 1o deste artigo, mas em relação ao salário contratual do ofensor. *(Incluído pela Lei n.13.467, de 2017)*

§ 3º Na reincidência entre partes idênticas, o juízo poderá elevar ao dobro o valor da indenização. *(Incluído pela Lei n.13.467, de 2017)*

brasileira (art. 7º, XIII, da CF)[9], assim como a possibilidade de majoração para um acréscimo de duas horas extras diárias, através do regramento previsto no art. 59 da CLT[10].

Através de toda narrativa disposta aqui, especialmente pelo conceito filosófico aportado, em conjunto com uma percepção de diminuição flagrante de horas líquidas diárias na pós-modernidade, seria possível, ao nosso sentir, através da concepção da *autopoiesis*, de se aplicar o conceito da Responsabilidade Civil em função do dano existencial, mesmo dentro do respeito da limitação da jornada, quando se demonstrar, efetivamente, que houve uma violação decorrente da ultra exploração neste período.

O ínterim temporal, conforme amplamente demonstrado não pode ser computado apenas cronologicamente, em uma visão puramente de

---

(9) Art. 7º São direitos dos trabalhadores urbanos e rurais, além de outros que visem à melhoria de sua condição social:

[...]

XIII – duração do trabalho normal não superior a oito horas diárias e quarenta e quatro semanais, facultada a compensação de horários e a redução da jornada, mediante acordo ou convenção coletiva de trabalho; (Vide *Decreto-Lei n.5.452, de 1943)*

(10) Art. 59. A duração diária do trabalho poderá ser acrescida de horas extras, em número não excedente de duas, por acordo individual, convenção coletiva ou acordo coletivo de trabalho. *(Redação dada pela Lei n.13.467, de 2017) (Vigência)*

§ 1º A remuneração da hora extra será, pelo menos, 50% (cinquenta por cento) superior à da hora normal. (*Redação dada pela Lei n.13.467, de 2017) (Vigência)*

§ 2º Poderá ser dispensado o acréscimo de salário se, por força de acordo ou convenção coletiva de trabalho, o excesso de horas em um dia for compensado pela correspondente diminuição em outro dia, de maneira que não exceda, no período máximo de um ano, à soma das jornadas semanais de trabalho previstas, nem seja ultrapassado o limite máximo de dez horas diárias. *(Redação dada pela Medida Provisória n.2.164-41, de 2001)*

§ 3º Na hipótese de rescisão do contrato de trabalho sem que tenha havido a compensação integral da jornada extraordinária, na forma dos §§ 2º e 5º deste artigo, o trabalhador terá direito ao pagamento das horas extras não compensadas, calculadas sobre o valor da remuneração na data da rescisão. *(Redação dada pela Lei n.13.467, de 2017) (Vigência)*

§ 5º O banco de horas de que trata o § 2º deste artigo poderá ser pactuado por acordo individual escrito, desde que a compensação ocorra no período máximo de seis meses. *(Incluído pela Lei n.13.467, de 2017) (Vigência)*

§ 6º É lícito o regime de compensação de jornada estabelecido por acordo individual, tácito ou escrito, para a compensação no mesmo mês. *(Incluído pela Lei n.13.467, de 2017) (Vigência)*

transcurso de horas, minutos e segundos, mas sim sobre o aspecto da intratemporalidade, a qual será diretamente afetada, com uma exploração acima da normalidade, mesmo dentro do período preconizado como limite pela legislação.

Não se dispõe aqui, criar-se novos requisitos para a responsabilidade civil ou uma reinvenção do conceito, mas sim uma aplicação dentro do próprio sistema, através, sim, de reinvenção do sistema de aplicação, quando se percebe que a *autopoiese* deve ser utilizada no campo do direito para resolver o fundamental problema de delimitar externamente o sistema, este no campo normativo-ideológico, nos confrontos do seu ambiente, sem excluir a própria capacidade de introduzir ao seu interno mudanças que assegurem a sua sobrevivência.

Em particular, a teoria dos sistemas considera o sistema jurídico apto a gerir as relações entre os próprios elementos com diversos níveis de complexidade do ambiente e da específica normatividade capaz de atingir níveis de generalizações superiores aos dos outros sistemas normativos.

Indubitável a necessidade de adoção, também, do conceito de "hiperciclo", denotando que os diversos componentes do sistema jurídico (procedimento jurídico, ato jurídico, norma jurídica, dogmática jurídica) operam de modo diferenciado, mas reciprocamente complementar. Somente a combinação desses componentes concorre para gerir solicitações provenientes do exterior do sistema.

É de fundamental relevância a menção de que aqui não estamos trazendo à baila nada que seja pós-positivista ou com uma indumentária de ativismo judicial, suscitando-se que se trabalha apenas no campo da hermenêutica, fruto da leitura, inclusive, proposta por Heidegger, nos exatos termos fundacionais deste trabalho.

Desta feita, há a possibilidade de aplicação da teoria da responsabilidade civil, mesmo dentro de uma jornada de trabalho limitada nos termos legais, através da *autopoeises*, como uma necessidade de estabelecimento e correção, visto que a atividade desenvolvida pode ser de máxima exploração, mesmo na já citada limitação temporal/cronológica normativa.

Aliás, indubitável que o entendimento em apreço também é integrativo a própria redução da jornada, em si, creio que especialmente nestes casos, onde a capacidade utilitária e produtiva deverá se perfazer em um tempo cronológico menor, suscitando-se a necessidade de manutenção da competitividade, a qual gera, sobremaneira, os riscos envolvidos na relação laboral per si.

7. Conclusão

Diante da explanação aqui exposta, como sempre a arte demonstra a sua leitura social apurada, consagrando-se através do filme Paraíso e da série White Lotus mecanismos de demonstração da exploração do tempo, em si, este não pertencente mais ao ser, consignando-se na leitura de Heidegger, como um predicado afastado do objeto.

Assim, a exposição aqui aposta se deu nos movimentos de redução de jornada como demonstração de uma necessária autorregulação do capitalismo, capitaneado pelas grandes companhias, as quais trazem esse norteador como causa primária de manutenção sistemática, visto que a sua produção, hoje consagrando os autosserviços, estes necessariamente consumidos, devem gerar a minoração do tempo livre do próprio trabalhador.

A mera discussão apenas da redução da jornada, por si só, nos afasta da concepção do ser e a necessária intratemporalidade percebida por ele, suscitando-se que sua possibilidade se dá só com oportunidade e tempo efetivamente livre, porquanto esse trânsito se torna impossível na conjuntura atual, utilitarista até no momento de um denominado tempo de lazer.

Desta feita, a redução da jornada de trabalho somente terá a efetividade, com a majoração do tempo livre, com uma mudança do sistema de ciclos autoprodutivos, os quais demandariam uma revisitação do entendimento do tempo, como norteador do ser.

Outrossim, mesmo diante da minoração da jornada, constatou-se o alto risco de uma alta exploração da capacidade utilitária, visto que a produção deverá se perfazer em um tempo cronológico menor, suscitando-se a necessidade de manutenção da competitividade.

Sob este prisma, avalia-se a possibilidade de aplicação da teoria da responsabilidade civil, mesmo em um cenário de redução legal da jornada laboral, dentro de uma concepção da teoria dos sistemas, com a observância do dano extrapatrimonial aplicável e uma consequente indenização.

8. Referências

ALMEIDA NETO, Amaro Alves de. *Dano Existencial:* a tutela da dignidade da pessoa humana. São Paulo: Revista dos Tribunais, 2005. 35 p. v. 6. n. 24.

BRASIL. [Constituição (1988)]. *Constituição da República Federativa do Brasil*. Brasília, DF, set. 2023. Disponível em: https://www.planalto.gov.br/ccivil_03/constituicao/constituicao.htm. Acesso em: 08 set.2023.

______. *Lei n. 10.406, de 10 de janeiro de 2002*. Institui o Código Civil. Brasília, DF, set. 2023. Disponível em: https://www.planalto.gov.br/ccivil_03/leis/2002/l10406compilada.htm. Acesso em: 08 set. 2023.

______. *Decreto-lei n. 5.452, de 1º de maio de 1943*. Aprova a Consolidação das Leis do Trabalho. Brasília, DF, set. 2023. Disponível em: https://www.planalto.gov.br/ccivil_03/decreto-lei/del5452.htm. Acesso em: 8 set. 2023.

BRIGATTI, Fernanda. Veja as empresas que terão semana de quatro dias de trabalho no Brasil. *Folha de S.Paulo*, São Paulo, 30 ago. 2023. Disponível em: https://folha.com/phefa9g0. Acesso em: 04 set. 2023.

CAPELA, Filipe. Pesquisa inglesa mostra que redução da jornada de trabalho não afeta produtividade. *Jornal da USP*, São Paulo, 24 maio 2023. Disponível em: https://jornal.usp.br/campus-ribeirao-preto/pesquisa-inglesa-mostra-que-reducao-da-jornada-de-trabalho-nao-afeta-produtividade/. Acesso em: 04 set. 2023.

FOUCAULT, Michel. *Alternativas À Prisão:* Michel Foucault: um encontro com Jean-Paul Brodeur. 1 ed. Tradução: Maria Ferreira. Petrópolis: Vozes, 2022.

GOBIERNO DEL CHILE. ¡40 Horas será ley!: Conozca los detalles del proyecto impulsado por el Gobierno y que fue despachado por el Congreso. *Gobierno Del Chile*, Chile, 12 abr. 2023. Disponível em: https://www.gob.cl/noticias/40-horas-es-ley-conozca-los-detalles-del-proyecto-impulsado-por-el-gobierno/. Acesso em: 22 ago. 2023.

HAN, Byung-Chul. *Topologia da Violência*. 1. ed. Tradução: Enio Paulo Giachini. Petrópolis: Vozes, 2017.

HEIDEGGER, Martin. *Ser e Tempo.* 10. ed. Tradução: Marcia Sá Cavalcante. Petrópolis: Vozes, 2015.

KIERKGAARD, Soren Aabye. *O Conceito de Angústia:* uma simples reflexão psicológico-demonstrativa direcionada ao problema dogmático do pecado hereditário de Vigilius. 3. ed. Tradução: Alvaro Luiz Montenegro Valls. São Paulo: Vozes, 2013.

LÉVINAS, Emmanuel. *Totalidade e Infinito.* 3. ed. Coimbra: Almedina – Edições 70, 2008.

MARTINS, André Ferrer Pinto. *Concepções de Estudantes Acerca do Conceito de Tempo:* uma análise à luz da epistemologia de Gaston Bachelard, 2004. 217 f. Tese (Doutorado em Educação) – Faculdade de Educação, Universidade de São Paulo, São Paulo, 2004. Disponível em: https://www.teses.usp.br/teses/disponiveis/48/48134/tde-30112004-183841/pt-br.php. Acesso em: 02 set. 2023.

MASCARO, Alysson Leandro; MORFINO, Vittorio. *Althusser e o Materialismo Aleatório* (Diálogos Livro 1). 1. ed. São Paulo: Editora Contracorrente, 2020.

MOCELIN, Daniel Gustavo. Redução da Jornada de Trabalho e Qualidade dos Empregos: entre o discurso, a teoria e a realidade. *Revista de Sociologia Política*, Curitiba, v. 19, n. 38, p. 101-119, fev. 2011.

NUNES, Benedito. *Heidegger & Ser e Tempo* (PAP – Filosofia). 1. ed. Rio de Janeiro: Zahar, 2002.

PARAÍSO. Direção: Boris Kunz. Produção: *Netflix*. Alemanha: Netflix, 2023. Streaming. Disponível em: https://www.netflix.com/br/title/81288179. Acesso em: 09 set. 2023.

PLATÃO. *Timeu e Critias ou A Atlântida.* 1. ed. Tradução: Rodrigo Lopes. São Paulo: Editora Hemus, 1988.

SARTRE, Jean-Paul. *Existencialismo é Um Humanismo.* 4. ed. Tradução: João Batista Kreuch. São Paulo: Editora Vozes, 2014.

THE WHITE LOTUS. Direção: Mike White. Produção: *HBO Entertainment.* Estados Unidos, 2021. 1ª Temporada. *Streaming*. Disponível em: https://www.hbomax.com/br/pt/series/urn:hbo:series:GYLD3_ArixL1sggEAAAHk. Acesso em: 09 set. 2023.

VALIM, Rafael. *Estado de Exceção:* a forma jurídica do Neoliberalismo. 1. ed. São Paulo: Editora Contracorrente, 2017.